ARABE
VOCABULAIRE

POUR L'AUTOFORMATION

FRANÇAIS
ARABE

Les mots les plus utiles
Pour enrichir votre vocabulaire et aiguiser
vos compétences linguistiques

5000 mots

Vocabulaire Français-Arabe pour l'autoformation - 5000 mots
Dictionnaire thématique

Par Andrey Taranov

Les dictionnaires T&P Books ont pour but de vous aider à apprendre, à mémoriser et à réviser votre vocabulaire en langue étrangère. Ce dictionnaire thématique couvre tous les grands domaines du quotidien: l'économie, les sciences, la culture, etc ...

Acquérir du vocabulaire avec les dictionnaires thématiques T&P Books vous offre les avantages suivants:

- Les données d'origine sont regroupées de manière cohérente, ce qui vous permet une mémorisation lexicale optimale
- La présentation conjointe de mots ayant la même racine vous permet de mémoriser des groupes sémantiques entiers (plutôt que des mots isolés)
- Les sous-groupes sémantiques vous permettent d'associer les mots entre eux de manière logique, ce qui facilite votre consolidation du vocabulaire
- Votre maîtrise de la langue peut être évaluée en fonction du nombre de mots acquis

Copyright © 2017 T&P Books Publishing

Tous droits réservés. Sans permission écrite préalable des éditeurs, toute reproduction ou exploitation partielle ou intégrale de cet ouvrage est interdite, sous quelque forme et par quelque procédé (électronique ou mécanique) que ce soit, y compris la photocopie, l'enregistrement ou le recours à un système de stockage et de récupération des données.

T&P Books Publishing
www.tpbooks.com

ISBN: 978-1-78716-796-4

Ce livre existe également en format électronique.
Pour plus d'informations, veuillez consulter notre site: www.tpbooks.com ou rendez-vous sur ceux des grandes librairies en ligne.

VOCABULAIRE ARABE POUR L'AUTOFORMATION
Dictionnaire thématique

Les dictionnaires T&P Books ont pour but de vous aider à apprendre, à mémoriser et à réviser votre vocabulaire en langue étrangère. Ce lexique présente, de façon thématique, plus de 5000 mots les plus fréquents de la langue.

- Ce livre comporte les mots les plus couramment utilisés
- Son usage est recommandé en complément de l'étude de toute autre méthode de langue
- Il répond à la fois aux besoins des débutants et à ceux des étudiants en langues étrangères de niveau avancé
- Il est idéal pour un usage quotidien, des séances de révision ponctuelles et des tests d'auto-évaluation
- Il vous permet de tester votre niveau de vocabulaire

Spécificités de ce dictionnaire thématique:

- Les mots sont présentés de manière sémantique, et non alphabétique
- Ils sont répartis en trois colonnes pour faciliter la révision et l'auto-évaluation
- Les groupes sémantiques sont divisés en sous-groupes pour favoriser l'apprentissage
- Ce lexique donne une transcription simple et pratique de chaque mot en langue étrangère

Ce dictionnaire comporte 155 thèmes, dont:

les notions fondamentales, les nombres, les couleurs, les mois et les saisons, les unités de mesure, les vêtements et les accessoires, les aliments et la nutrition, le restaurant, la famille et les liens de parenté, le caractère et la personnalité, les sentiments et les émotions, les maladies, la ville et la cité, le tourisme, le shopping, l'argent, la maison, le foyer, le bureau, la vie de bureau, l'import-export, le marketing, la recherche d'emploi, les sports, l'éducation, l'informatique, l'Internet, les outils, la nature, les différents pays du monde, les nationalités, et bien d'autres encore ...

TABLE DES MATIÈRES

Guide de prononciation	9
Abréviations	10

CONCEPTS DE BASE 11
Concepts de base. Partie 1 11

1. Les pronoms 11
2. Adresser des vœux. Se dire bonjour. Se dire au revoir 11
3. Comment s'adresser à quelqu'un 12
4. Les nombres cardinaux. Partie 1 12
5. Les nombres cardinaux. Partie 2 13
6. Les nombres ordinaux 14
7. Les nombres. Fractions 14
8. Les nombres. Opérations mathématiques 14
9. Les nombres. Divers 14
10. Les verbes les plus importants. Partie 1 15
11. Les verbes les plus importants. Partie 2 16
12. Les verbes les plus importants. Partie 3 17
13. Les verbes les plus importants. Partie 4 17
14. Les couleurs 18
15. Les questions 19
16. Les prépositions 20
17. Les mots-outils. Les adverbes. Partie 1 20
18. Les mots-outils. Les adverbes. Partie 2 22

Concepts de base. Partie 2 24

19. Les jours de la semaine 24
20. Les heures. Le jour et la nuit 24
21. Les mois. Les saisons 25
22. Les unités de mesure 27
23. Les récipients 27

L'HOMME 29
L'homme. Le corps humain 29

24. La tête 29
25. Le corps humain 30

Les vêtements & les accessoires 31

26. Les vêtements d'extérieur 31
27. Men's & women's clothing 31

28. Les sous-vêtements	32
29. Les chapeaux	32
30. Les chaussures	32
31. Les accessoires personnels	33
32. Les vêtements. Divers	33
33. L'hygiène corporelle. Les cosmétiques	34
34. Les montres. Les horloges	35

Les aliments. L'alimentation   36

35. Les aliments	36
36. Les boissons	37
37. Les légumes	38
38. Les fruits. Les noix	39
39. Le pain. Les confiseries	40
40. Les plats cuisinés	40
41. Les épices	41
42. Les repas	42
43. Le dressage de la table	42
44. Le restaurant	43

La famille. Les parents. Les amis   44

45. Les données personnelles. Les formulaires	44
46. La famille. Les liens de parenté	44

La médecine   46

47. Les maladies	46
48. Les symptômes. Le traitement. Partie 1	47
49. Les symptômes. Le traitement. Partie 2	48
50. Les symptômes. Le traitement. Partie 3	49
51. Les médecins	50
52. Les médicaments. Les accessoires	50

L'HABITAT HUMAIN   52
La ville   52

53. La ville. La vie urbaine	52
54. Les institutions urbaines	53
55. Les enseignes. Les panneaux	54
56. Les transports en commun	55
57. Le tourisme	56
58. Le shopping	57
59. L'argent	58
60. La poste. Les services postaux	59

Le logement. La maison. Le foyer   60

61. La maison. L'électricité	60

62.	La villa et le manoir	60
63.	L'appartement	60
64.	Les meubles. L'intérieur	61
65.	La literie	62
66.	La cuisine	62
67.	La salle de bains	63
68.	Les appareils électroménagers	64

LES ACTIVITÉS HUMAINS — 65
Le travail. Les affaires. Partie 1 — 65

69.	Le bureau. La vie de bureau	65
70.	Les processus d'affaires. Partie 1	66
71.	Les processus d'affaires. Partie 2	67
72.	L'usine. La production	68
73.	Le contrat. L'accord	69
74.	L'importation. L'exportation	70
75.	La finance	70
76.	La commercialisation. Le marketing	71
77.	La publicité	71
78.	Les opérations bancaires	72
79.	Le téléphone. La conversation téléphonique	73
80.	Le téléphone portable	74
81.	La papeterie	74
82.	Les types d'activités économiques	74

Le travail. Les affaires. Partie 2 — 77

| 83. | Les foires et les salons | 77 |
| 84. | La recherche scientifique et les chercheurs | 78 |

Les professions. Les métiers — 79

85.	La recherche d'emploi. Le licenciement	79
86.	Les hommes d'affaires	79
87.	Les métiers des services	80
88.	Les professions militaires et leurs grades	81
89.	Les fonctionnaires. Les prêtres	82
90.	Les professions agricoles	82
91.	Les professions artistiques	83
92.	Les différents métiers	83
93.	Les occupations. Le statut social	85

L'éducation — 86

94.	L'éducation	86
95.	L'enseignement supérieur	87
96.	Les disciplines scientifiques	88
97.	Le système d'écriture et l'orthographe	88
98.	Les langues étrangères	89

Les loisirs. Les voyages — 91

99. Les voyages. Les excursions — 91
100. L'hôtel — 91

LE MATÉRIEL TECHNIQUE. LES TRANSPORTS — 93
Le matériel technique — 93

101. L'informatique — 93
102. L'Internet. Le courrier électronique — 94
103. L'électricité — 95
104. Les outils — 95

Les transports — 98

105. L'avion — 98
106. Le train — 99
107. Le bateau — 100
108. L'aéroport — 101

Les grands événements de la vie — 103

109. Les fêtes et les événements — 103
110. L'enterrement. Le deuil — 104
111. La guerre. Les soldats — 104
112. La guerre. Partie 1 — 105
113. La guerre. Partie 2 — 107
114. Les armes — 108
115. Les hommes préhistoriques — 110
116. Le Moyen Âge — 110
117. Les dirigeants. Les responsables. Les autorités — 112
118. Les crimes. Les criminels. Partie 1 — 113
119. Les crimes. Les criminels. Partie 2 — 114
120. La police. La justice. Partie 1 — 115
121. La police. La justice. Partie 2 — 116

LA NATURE — 118
La Terre. Partie 1 — 118

122. L'espace cosmique — 118
123. La Terre — 119
124. Les quatre parties du monde — 120
125. Les océans et les mers — 120
126. Les noms des mers et des océans — 121
127. Les montagnes — 122
128. Les noms des chaînes de montagne — 123
129. Les fleuves — 123
130. Les noms des fleuves — 124
131. La forêt — 124
132. Les ressources naturelles — 125

La Terre. Partie 2   127

133. Le temps   127
134. Les intempéries. Les catastrophes naturelles   128

La faune   129

135. Les mammifères. Les prédateurs   129
136. Les animaux sauvages   129
137. Les animaux domestiques   130
138. Les oiseaux   131
139. Les poissons. Les animaux marins   133
140. Les amphibiens. Les reptiles   133
141. Les insectes   134

La flore   135

142. Les arbres   135
143. Les arbustes   135
144. Les fruits. Les baies   136
145. Les fleurs. Les plantes   137
146. Les céréales   138

LES PAYS DU MONDE. LES NATIONALITÉS   139

147. L'Europe de l'Ouest   139
148. L'Europe Centrale et l'Europe de l'Est   139
149. Les pays de l'ex-U.R.S.S.   140
150. L'Asie   140
151. L'Amérique du Nord   141
152. L'Amérique Centrale et l'Amérique du Sud   141
153. L'Afrique   142
154. L'Australie et Océanie   142
155. Les grandes villes   142

GUIDE DE PRONONCIATION

Alphabet phonétique T&P	Exemple en arabe	Exemple en français
[a]	طفَى [ṭaffa]	classe
[ā]	إختار [ixtār]	camarade
[e]	هامبورجر [hamburger]	équipe
[i]	زفاف [zifāf]	stylo
[ī]	أبريل [abrīl]	industrie
[u]	كلكتا [kalkutta]	boulevard
[ū]	جاموس [ʒāmūs]	sucre
[b]	بداية [bidāya]	bureau
[d]	سعادة [saʿāda]	document
[ḍ]	وضع [waḍʿ]	[d] pharyngale
[ʒ]	الأرجنتين [arʒantīn]	jeunesse
[ð]	تذكار [tiðkār]	[th] pharyngalisé
[z̧]	ظهر [z̧ahar]	[z] pharyngale
[f]	خفيف [xafīf]	formule
[g]	جولف [gūlf]	gris
[h]	إتّجاه [ittiʒāh]	[h] aspiré
[ḥ]	أحبّ [aḥabb]	[h] pharyngale
[y]	ذهبيّ [ðahabiy]	maillot
[k]	كرسيّ [kursiy]	bocal
[l]	لمح [lamaḥ]	vélo
[m]	مرصد [marṣad]	minéral
[n]	جنوب [ʒanūb]	ananas
[p]	كابتشينو [kaputʃinu]	panama
[q]	وثق [waθiq]	cadeau
[r]	روح [rūḥ]	racine, rouge
[s]	سخريّة [suxriyya]	syndicat
[ṣ]	معصم [miʿṣam]	[s] pharyngale
[ʃ]	عشاء [ʿaʃāʾ]	chariot
[t]	تنّوب [tannūb]	tennis
[ṭ]	خريطة [xarīṭa]	[t] pharyngale
[θ]	ماموث [mamūθ]	consonne fricative dentale sourde
[v]	فيتنام [vitnām]	rivière
[w]	ودَع [waddaʿ]	iguane
[x]	بخيل [baxīl]	scots - nicht, allemand - Dach
[ɣ]	تغدَى [taɣadda]	g espagnol - amigo, magnífico
[z]	ماعز [māʿiz]	gazeuse
[ʿ] (ayn)	سبعة [sabʿa]	consonne fricative pharyngale voisée
[ʾ] (hamza)	سأل [saʾal]	coup de glotte

ABRÉVIATIONS
employées dans ce livre

Abréviations en arabe

du	-	nom (à double) pluriel
f	-	nom féminin
m	-	nom masculin
pl	-	pluriel

Abréviations en français

adj	-	adjective
adv	-	adverbe
anim.	-	animé
conj	-	conjonction
dénombr.	-	dénombrable
etc.	-	et cetera
f	-	nom féminin
f pl	-	féminin pluriel
fam.	-	familiar
fem.	-	féminin
form.	-	formal
inanim.	-	inanimé
indénombr.	-	indénombrable
m	-	nom masculin
m pl	-	masculin pluriel
m, f	-	masculin, féminin
masc.	-	masculin
math	-	mathematics
mil.	-	militaire
pl	-	pluriel
prep	-	préposition
pron	-	pronom
qch	-	quelque chose
qn	-	quelqu'un
sing.	-	singulier
v aux	-	verbe auxiliaire
v imp	-	verbe impersonnel
vi	-	verbe intransitif
vi, vt	-	verbe intransitif, transitif
vp	-	verbe pronominal
vt	-	verbe transitif

CONCEPTS DE BASE

Concepts de base. Partie 1

1. Les pronoms

je	ana	أنا
tu (masc.)	anta	أنت
tu (fem.)	anti	أنت
il	huwa	هو
elle	hiya	هي
nous	naḥnu	نحن
vous	antum	أنتم
ils, elles	hum	هم

2. Adresser des vœux. Se dire bonjour. Se dire au revoir

Bonjour! (form.)	as salāmu ʻalaykum!	السلام عليكم!
Bonjour! (le matin)	ṣabāḥ al xayr!	صباح الخير!
Bonjour! (après-midi)	nahārak saʻīd!	نهارك سعيد!
Bonsoir!	masāʼ al xayr!	مساء الخير!
dire bonjour	sallam	سلّم
Salut!	salām!	سلام!
salut (m)	salām (m)	سلام
saluer (vt)	sallam ʻala	سلّم على
Comment ça va?	kayfa ḥāluka?	كيف حالك؟
Quoi de neuf?	ma axbārak?	ما أخبارك؟
Au revoir!	maʻ as salāma!	مع السلامة!
À bientôt!	ilal liqāʼ!	إلى اللقاء!
Adieu!	maʻ as salāma!	مع السلامة!
dire au revoir	waddaʻ	ودّع
Salut! (À bientôt!)	bay bay!	باي باي!
Merci!	ʃukran!	شكراً!
Merci beaucoup!	ʃukran ʒazīlan!	شكراً جزيلاً!
Je vous en prie	ʻafwan	عفواً
Il n'y a pas de quoi	la ʃukr ʻala wāʒib	لا شكر على واجب
Pas de quoi	al ʻafw	العفو
Excuse-moi!	ʼan iðnak!	عن أذنك!
Excusez-moi!	ʼafwan!	عفواً!
excuser (vt)	ʼaðar	عذر
s'excuser (vp)	iʻtaðar	إعتذر
Mes excuses	ana ʼāsif	أنا آسف

Pardonnez-moi!	la tu'āχiðni!	!لا تؤاخذني
pardonner (vt)	'afa	عفا
s'il vous plaît	min faḍlak	من فضلك
N'oubliez pas!	la tansa!	!لا تنس
Bien sûr!	ṭab'an!	!طبعاً
Bien sûr que non!	abadan!	!أبداً
D'accord!	ittafaqna!	!إتفقنا
Ça suffit!	kifāya!	!كفاية

3. Comment s'adresser à quelqu'un

monsieur	ya sayyid	يا سيّد
madame	ya sayyida	يا سيدة
madame (mademoiselle)	ya 'ānisa	يا آنسة
jeune homme	ya ustāð	يا أستاذ
petit garçon	ya bni	يا بني
petite fille	ya binti	يا بنتي

4. Les nombres cardinaux. Partie 1

zéro	ṣifr	صفر
un	wāḥid	واحد
une	wāḥida	واحدة
deux	iθnān	إثنان
trois	θalāθa	ثلاثة
quatre	arba'a	أربعة
cinq	χamsa	خمسة
six	sitta	ستّة
sept	sab'a	سبعة
huit	θamāniya	ثمانية
neuf	tis'a	تسعة
dix	'aʃara	عشرة
onze	aḥad 'aʃar	أحد عشر
douze	iθnā 'aʃar	إثنا عشر
treize	θalāθat 'aʃar	ثلاثة عشر
quatorze	arba'at 'aʃar	أربعة عشر
quinze	χamsat 'aʃar	خمسة عشر
seize	sittat 'aʃar	ستّة عشر
dix-sept	sab'at 'aʃar	سبعة عشر
dix-huit	θamāniyat 'aʃar	ثمانية عشر
dix-neuf	tis'at 'aʃar	تسعة عشر
vingt	'iʃrūn	عشرون
vingt et un	wāḥid wa 'iʃrūn	واحد وعشرون
vingt-deux	iθnān wa 'iʃrūn	إثنان وعشرون
vingt-trois	θalāθa wa 'iʃrūn	ثلاثة وعشرون
trente	θalāθīn	ثلاثون
trente et un	wāḥid wa θalāθūn	واحد وثلاثون

trente-deux	iθnān wa θalāθūn	إثنان وثلاثون
trente-trois	θalāθa wa θalāθūn	ثلاثة وثلاثون
quarante	arba'ūn	أربعون
quarante et un	wāḥid wa arba'ūn	واحد وأربعون
quarante-deux	iθnān wa arba'ūn	إثنان وأربعون
quarante-trois	θalāθa wa arba'ūn	ثلاثة وأربعون
cinquante	χamsūn	خمسون
cinquante et un	wāḥid wa χamsūn	واحد وخمسون
cinquante-deux	iθnān wa χamsūn	إثنان وخمسون
cinquante-trois	θalāθa wa χamsūn	ثلاثة وخمسون
soixante	sittūn	ستّون
soixante et un	wāḥid wa sittūn	واحد وستّون
soixante-deux	iθnān wa sittūn	إثنان وستّون
soixante-trois	θalāθa wa sittūn	ثلاثة وستّون
soixante-dix	sab'ūn	سبعون
soixante et onze	wāḥid wa sab'ūn	واحد وسبعون
soixante-douze	iθnān wa sab'ūn	إثنان وسبعون
soixante-treize	θalāθa wa sab'ūn	ثلاثة وسبعون
quatre-vingts	θamānūn	ثمانون
quatre-vingt et un	wāḥid wa θamānūn	واحد وثمانون
quatre-vingt deux	iθnān wa θamānūn	إثنان وثمانون
quatre-vingt trois	θalāθa wa θamānūn	ثلاثة وثمانون
quatre-vingt-dix	tis'ūn	تسعون
quatre-vingt et onze	wāḥid wa tis'ūn	واحد وتسعون
quatre-vingt-douze	iθnān wa tis'ūn	إثنان وتسعون
quatre-vingt-treize	θalāθa wa tis'ūn	ثلاثة وتسعون

5. Les nombres cardinaux. Partie 2

cent	mi'a	مائة
deux cents	mi'atān	مائتان
trois cents	θalāθumi'a	ثلاثمائة
quatre cents	rub'umi'a	أربعمائة
cinq cents	χamsumi'a	خمسمائة
six cents	sittumi'a	ستّمائة
sept cents	sab'umi'a	سبعمائة
huit cents	θamānimi'a	ثمانمائة
neuf cents	tis'umi'a	تسعمائة
mille	alf	ألف
deux mille	alfān	ألفان
trois mille	θalāθat 'ālāf	ثلاثة آلاف
dix mille	'aʃarat 'ālāf	عشرة آلاف
cent mille	mi'at alf	مائة ألف
million (m)	milyūn (m)	مليون
milliard (m)	milyār (m)	مليار

6. Les nombres ordinaux

premier (adj)	awwal	أوّل
deuxième (adj)	θāni	ثان
troisième (adj)	θāliθ	ثالث
quatrième (adj)	rābi'	رابع
cinquième (adj)	χāmis	خامس
sixième (adj)	sādis	سادس
septième (adj)	sābi'	سابع
huitième (adj)	θāmin	ثامن
neuvième (adj)	tāsi'	تاسع
dixième (adj)	'āʃir	عاشر

7. Les nombres. Fractions

fraction (f)	kasr (m)	كسر
un demi	niṣf	نصف
un tiers	θulθ	ثلث
un quart	rub'	ربع
un huitième	θumn	ثمن
un dixième	'uʃr	عشر
deux tiers	θulθān	ثلثان
trois quarts	talātit arbā'	ثلاثة أرباع

8. Les nombres. Opérations mathématiques

soustraction (f)	ṭarḥ (m)	طرح
soustraire (vt)	ṭaraḥ	طرح
division (f)	qisma (f)	قسمة
diviser (vt)	qasam	قسم
addition (f)	ʒam' (m)	جمع
additionner (vt)	ʒama'	جمع
ajouter (vt)	ʒama'	جمع
multiplication (f)	ḍarb (m)	ضرب
multiplier (vt)	ḍarab	ضرب

9. Les nombres. Divers

chiffre (m)	raqm (m)	رقم
nombre (m)	'adad (m)	عدد
adjectif (m) numéral	ism al 'adad (m)	إسم العدد
moins (m)	nāqiṣ (m)	ناقص
plus (m)	zā'id (m)	زائد
formule (f)	ṣīɣa (f)	صيغة
calcul (m)	ḥisāb (m)	حساب
compter (vt)	'add	عدّ

calculer (vt)	ḥasab	حسب
comparer (vt)	qāran	قارن
Combien?	kam?	كم؟
somme (f)	maʒmūʿ (m)	مجموع
résultat (m)	natīʒa (f)	نتيجة
reste (m)	al bāqi (m)	الباقي
quelques …	ʿiddat	عدّة
peu de …	qalīl	قليل
reste (m)	al bāqi (m)	الباقي
un et demi	wāḥid wa niṣf (m)	واحد ونصف
douzaine (f)	iθnā ʿaʃar (f)	إثنا عشر
en deux (adv)	ila ʃaṭrayn	إلى شطرين
en parties égales	bit tasāwi	بالتساوى
moitié (f)	niṣf (m)	نصف
fois (f)	marra (f)	مرّة

10. Les verbes les plus importants. Partie 1

aider (vt)	sāʿad	ساعد
aimer (qn)	aḥabb	أحبّ
aller (à pied)	maʃa	مشى
apercevoir (vt)	lāḥaẓ	لاحظ
appartenir à …	xaṣṣ	خصّ
appeler (au secours)	istayāθ	إستغاث
attendre (vt)	intaẓar	إنتظر
attraper (vt)	amsak	أمسك
avertir (vt)	ḥaððar	حذّر
avoir (vt)	malak	ملك
avoir confiance	waθiq	وثق
avoir faim	arād an yaʾkul	أراد أن يأكل
avoir peur	xāf	خاف
avoir soif	arād an yaʃrab	أراد أن يشرب
cacher (vt)	xabaʾ	خبأ
casser (briser)	kasar	كسر
cesser (vt)	tawaqqaf	توقّف
changer (vt)	ɣayyar	غيّر
chasser (animaux)	iṣṭād	إصطاد
chercher (vt)	baḥaθ	بحث
choisir (vt)	ixtār	إختار
commander (~ le menu)	ṭalab	طلب
commencer (vt)	badaʾ	بدأ
comparer (vt)	qāran	قارن
comprendre (vt)	fahim	فهم
compter (dénombrer)	ʿadd	عدّ
compter sur …	iʿtamad ʿala …	إعتمد على…
confondre (vt)	ixtalaṭ	إختلط

connaître (qn)	ʻaraf	عرف
conseiller (vt)	naṣaḥ	نصح
continuer (vt)	istamarr	إستمر
contrôler (vt)	taḥakkam	تحكّم
courir (vi)	ʒara	جرى
coûter (vt)	kallaf	كلّف
créer (vt)	χalaq	خلق
creuser (vt)	ḥafar	حفر
crier (vi)	ṣaraχ	صرخ

11. Les verbes les plus importants. Partie 2

décorer (~ la maison)	zayyan	زيّن
défendre (vt)	dāfaʻ	دافع
déjeuner (vi)	taɣadda	تغدّى
demander (~ l'heure)	saʼal	سأل
demander (de faire qch)	ṭalab	طلب
descendre (vi)	nazil	نزل
deviner (vt)	χamman	خمّن
dîner (vi)	taʻaʃʃa	تعشّى
dire (vt)	qāl	قال
diriger (~ une usine)	adār	أدار
discuter (vt)	nāqaʃ	ناقش
donner (vt)	aʻṭa	أعطى
donner un indice	aʻṭa talmīḥ	أعطى تلميحًا
douter (vt)	ʃakk fi	شكّ في
écrire (vt)	katab	كتب
entendre (bruit, etc.)	samiʻ	سمع
entrer (vi)	daχal	دخل
envoyer (vt)	arsal	أرسل
espérer (vi)	tamanna	تمنّى
essayer (vt)	ḥāwal	حاول
être (vi)	kān	كان
être d'accord	ittafaq	إتّفق
être nécessaire	kān maṭlūb	كان مطلوبا
être pressé	istaʻʒal	إستعجل
étudier (vt)	daras	درس
exiger (vt)	ṭālib	طالب
exister (vi)	kān mawʒūd	كان موجودًا
expliquer (vt)	ʃaraḥ	شرح
faire (vt)	ʻamal	عمل
faire tomber	awqaʻ	أوقع
finir (vt)	atamm	أتمّ
garder (conserver)	ḥafaẓ	حفظ
gronder, réprimander (vt)	wabbaχ	وبّخ
informer (vt)	aχbar	أخبر
insister (vi)	aṣarr	أصرّ

insulter (vt)	ahān	أهان
inviter (vt)	da'a	دعا
jouer (s'amuser)	la'ib	لعب

12. Les verbes les plus importants. Partie 3

libérer (ville, etc.)	ḥarrar	حرّر
lire (vi, vt)	qara'	قرأ
louer (prendre en location)	ista'ʒar	إستأجر
manquer (l'école)	ɣāb	غاب
menacer (vt)	haddad	هدّد
mentionner (vt)	ðakar	ذكر
montrer (vt)	'araḍ	عرض
nager (vi)	sabaḥ	سبح

objecter (vt)	i'taraḍ	إعترض
observer (vt)	rāqab	راقب
ordonner (mil.)	amar	أمر
oublier (vt)	nasiy	نسي
ouvrir (vt)	fataḥ	فتح
pardonner (vt)	'afa	عفا
parler (vi, vt)	takallam	تكلّم

participer à ...	iʃtarak	إشترك
payer (régler)	dafa'	دفع
penser (vi, vt)	ẓann	ظنّ
permettre (vt)	raxxaṣ	رخّص
plaire (être apprécié)	a'ʒab	أعجب

plaisanter (vi)	mazaḥ	مزح
planifier (vt)	xaṭṭaṭ	خطّط
pleurer (vi)	baka	بكى
posséder (vt)	malak	ملك
pouvoir (v aux)	istaṭā'	إستطاع
préférer (vt)	faḍḍal	فضّل

prendre (vt)	axað	أخذ
prendre en note	katab	كتب
prendre le petit déjeuner	afṭar	أفطر
préparer (le dîner)	ḥaḍḍar	حضّر
prévoir (vt)	tanabba'	تنبّأ

prier (~ Dieu)	ṣalla	صلّى
promettre (vt)	wa'ad	وعد
prononcer (vt)	naṭaq	نطق
proposer (vt)	iqtaraḥ	إقترح
punir (vt)	'āqab	عاقب

13. Les verbes les plus importants. Partie 4

| recommander (vt) | naṣaḥ | نصح |
| regretter (vt) | nadim | ندم |

répéter (dire encore)	karrar	كرّر
répondre (vi, vt)	aʒāb	أجاب
réserver (une chambre)	ḥaẓaz	حجز
rester silencieux	sakat	سكت
réunir (regrouper)	waḥḥad	وحّد
rire (vi)	ḍaḥik	ضحك
s'arrêter (vp)	waqaf	وقف
s'asseoir (vp)	ʒalas	جلس
sauver (la vie à qn)	anqað	أنقذ
savoir (qch)	ʿaraf	عرف
se baigner (vp)	sabaḥ	سبح
se plaindre (vp)	ʃaka	شكا
se refuser (vp)	rafaḍ	رفض
se tromper (vp)	axṭaʾ	أخطأ
se vanter (vp)	tabāha	تباهى
s'étonner (vp)	indahaʃ	إندهش
s'excuser (vp)	iʿtaðar	إعتذر
signer (vt)	waqqaʿ	وقّع
signifier (vt)	ʿana	عنى
s'intéresser (vp)	ihtamm	إهتمّ
sortir (aller dehors)	xaraʒ	خرج
sourire (vi)	ibtasam	إبتسم
sous-estimer (vt)	istaxaff	إستخفّ
suivre ... (suivez-moi)	tabaʿ	تبع
tirer (vi)	aṭlaq an nār	أطلق النار
tomber (vi)	saqaṭ	سقط
toucher (avec les mains)	lamas	لمس
tourner (~ à gauche)	inʿaṭaf	إنعطف
traduire (vt)	tarʒam	ترجم
travailler (vi)	ʿamal	عمل
tromper (vt)	xadaʿ	خدع
trouver (vt)	waʒad	وجد
tuer (vt)	qatal	قتل
vendre (vt)	bāʿ	باع
venir (vi)	waṣal	وصل
voir (vt)	raʾa	رأى
voler (avion, oiseau)	ṭār	طار
voler (qch à qn)	saraq	سرق
vouloir (vt)	arād	أراد

14. Les couleurs

couleur (f)	lawn (m)	لون
teinte (f)	daraʒat al lawn (m)	درجة اللون
ton (m)	ṣabγit lūn (f)	لون
arc-en-ciel (m)	qaws quzaḥ (m)	قوس قزح
blanc (adj)	abyaḍ	أبيض

noir (adj)	aswad	أسود
gris (adj)	ramādiy	رمادي
vert (adj)	axḍar	أخضر
jaune (adj)	aṣfar	أصفر
rouge (adj)	aḥmar	أحمر
bleu (adj)	azraq	أزرق
bleu clair (adj)	azraq fātiḥ	أزرق فاتح
rose (adj)	wardiy	وردي
orange (adj)	burtuqāliy	برتقالي
violet (adj)	banafsaʒiy	بنفسجي
brun (adj)	bunniy	بني
d'or (adj)	ðahabiy	ذهبي
argenté (adj)	fiḍḍiy	فضي
beige (adj)	bɛːʒ	بيج
crème (adj)	'āʒiy	عاجي
turquoise (adj)	fayrūziy	فيروزي
rouge cerise (adj)	karaziy	كرزي
lilas (adj)	laylakiy	ليلكي
framboise (adj)	qirmiziy	قرمزي
clair (adj)	fātiḥ	فاتح
foncé (adj)	ɣāmiq	غامق
vif (adj)	zāhi	زاه
de couleur (adj)	mulawwan	ملوّن
en couleurs (adj)	mulawwan	ملوّن
noir et blanc (adj)	abyaḍ wa aswad	أبيض وأسود
unicolore (adj)	waḥīd al lawn, sāda	وحيد اللون، سادة
multicolore (adj)	muta'addid al alwān	متعدّد الألوان

15. Les questions

Qui?	man?	من؟
Quoi?	māða?	ماذا؟
Où? (~ es-tu?)	ayna?	أين؟
Où? (~ vas-tu?)	ila ayna?	إلى أين؟
D'où?	min ayna?	من أين؟
Quand?	mata?	متى؟
Pourquoi? (~ es-tu venu?)	li māða?	لماذا؟
Pourquoi? (~ t'es pâle?)	li māða?	لماذا؟
À quoi bon?	li māða?	لماذا؟
Comment?	kayfa?	كيف؟
Quel? (à ~ prix?)	ay?	أي؟
Lequel?	ay?	أي؟
À qui? (pour qui?)	li man?	لمن؟
De qui?	'amman?	عمّن؟
De quoi?	'amma?	عمّا؟
Avec qui?	ma' man?	مع من؟

| Combien? | kam? | كم؟ |
| À qui? (~ est ce livre?) | li man? | لمن؟ |

16. Les prépositions

avec (~ toi)	ma'	مع
sans (~ sucre)	bi dūn	بدون
à (aller ~ ...)	ila	إلى
de (au sujet de)	'an	عن
avant (~ midi)	qabl	قبل
devant (~ la maison)	amām	أمام

sous (~ la commode)	taht	تحت
au-dessus de ...	fawq	فوق
sur (dessus)	'ala	على
de (venir ~ Paris)	min	من
en (en bois, etc.)	min	من

| dans (~ deux heures) | ba'd | بعد |
| par dessus | 'abr | عبر |

17. Les mots-outils. Les adverbes. Partie 1

Où? (~ es-tu?)	ayna?	أين؟
ici (c'est ~)	huna	هنا
là-bas (c'est ~)	hunāk	هناك

| quelque part (être) | fi makānin ma | في مكان ما |
| nulle part (adv) | la fi ay makān | لا في أي مكان |

| près de ... | bi ʒānib | بجانب |
| près de la fenêtre | bi ʒānib aʃ ʃubbāk | بجانب الشبّاك |

Où? (~ vas-tu?)	ila ayna?	إلى أين؟
ici (Venez ~)	huna	هنا
là-bas (j'irai ~)	hunāk	هناك
d'ici (adv)	min huna	من هنا
de là-bas (adv)	min hunāk	من هناك

| près (pas loin) | qarīban | قريبًا |
| loin (adv) | ba'īdan | بعيدًا |

près de (~ Paris)	'ind	عند
tout près (adv)	qarīban	قريبًا
pas loin (adv)	ɣayr ba'īd	غير بعيد

gauche (adj)	al yasār	اليسار
à gauche (être ~)	'alaʃ ʃimāl	على الشمال
à gauche (tournez ~)	ilaʃ ʃimāl	إلى الشمال

| droit (adj) | al yamīn | اليمين |
| à droite (être ~) | 'alal yamīn | على اليمين |

à droite (tournez ~)	Ilal yamīn	إلى اليمين
devant (adv)	min al amām	من الأمام
de devant (adj)	amāmiy	أمامي
en avant (adv)	ilal amām	إلى الأمام
derrière (adv)	warā'	وراء
par derrière (adv)	min al warā'	من الوراء
en arrière (regarder ~)	ilal warā'	إلى الوراء
milieu (m)	wasaṭ (m)	وسط
au milieu (adv)	fil wasaṭ	في الوسط
de côté (vue ~)	bi ʒānib	بجانب
partout (adv)	fi kull makān	في كل مكان
autour (adv)	ḥawl	حول
de l'intérieur	min ad dāxil	من الداخل
quelque part (aller)	ila ayy makān	إلى أي مكان
tout droit (adv)	bi aqṣar ṭarīq	بأقصر طريق
en arrière (revenir ~)	īyāban	إياباً
de quelque part (n'import d'où)	min ayy makān	من أي مكان
de quelque part (on ne sait pas d'où)	min makānin ma	من مكان ما
premièrement (adv)	awwalan	أوّلاً
deuxièmement (adv)	θāniyan	ثانياً
troisièmement (adv)	θāliθan	ثالثاً
soudain (adv)	faʒ'a	فجأة
au début (adv)	fil bidāya	في البداية
pour la première fois	li 'awwal marra	لأوّل مرّة
bien avant ...	qabl ... bi mudda ṭawīla	قبل...بمدّة طويلة
de nouveau (adv)	min ʒadīd	من جديد
pour toujours (adv)	ilal abad	إلى الأبد
jamais (adv)	abadan	أبداً
de nouveau, encore (adv)	min ʒadīd	من جديد
maintenant (adv)	al 'ān	الآن
souvent (adv)	kaθīran	كثيراً
alors (adv)	fi ðalika al waqt	في ذلك الوقت
d'urgence (adv)	'āʒilan	عاجلاً
d'habitude (adv)	kal 'āda	كالعادة
à propos, ...	'ala fikra ...	على فكرة...
c'est possible	min al mumkin	من الممكن
probablement (adv)	la'alla	لعلّ
peut-être (adv)	min al mumkin	من الممكن
en plus, ...	bil iḍāfa ila ðalik ...	بالإضافة إلى...
c'est pourquoi ...	li ðalik	لذلك
malgré ...	bir raɣm min ...	بالرغم من...
grâce à ...	bi faḍl ...	بفضل...
quoi (pron)	allaði	الذي
que (conj)	anna	أنّ

quelque chose (Il m'est arrivé ~)	ʃay' (m)	شيء
quelque chose (peut-on faire ~)	ʃay' (m)	شيء
rien (m)	la ʃay'	لا شيء

qui (pron)	allaði	الذي
quelqu'un (on ne sait pas qui)	aḥad	أحد
quelqu'un (n'importe qui)	aḥad	أحد

personne (pron)	la aḥad	لا أحد
nulle part (aller ~)	la ila ay makān	لا إلى أي مكان
de personne	la yaxuṣṣ aḥad	لا يخص أحدًا
de n'importe qui	li aḥad	لأحد

comme ça (adv)	hakaða	هكذا
également (adv)	kaðalika	كذلك
aussi (adv)	ayḍan	أيضًا

18. Les mots-outils. Les adverbes. Partie 2

Pourquoi?	li māða?	لماذا؟
pour une certaine raison	li sababin ma	لسبب ما
parce que ...	li'anna ...	لأن...
pour une raison quelconque	li amr mā	لأمر ما

et (conj)	wa	و
ou (conj)	aw	أو
mais (conj)	lakin	لكن
pour ... (prep)	li	لـ

trop (adv)	kaθīran ʒiddan	كثير جدًا
seulement (adv)	faqaṭ	فقط
précisément (adv)	biḍ ḍabṭ	بالضبط
près de ... (prep)	naḥw	نحو

approximativement	taqrīban	تقريبًا
approximatif (adj)	taqrībiy	تقريبي
presque (adv)	taqrīban	تقريبًا
reste (m)	al bāqi (m)	الباقي

chaque (adj)	kull	كلّ
n'importe quel (adj)	ayy	أيّ
beaucoup (adv)	kaθīr	كثير
plusieurs (pron)	kaθīr min an nās	كثير من الناس
tous	kull an nās	كل الناس

en échange de ...	muqābil ...	مقابل...
en échange (adv)	muqābil	مقابل
à la main (adv)	bil yad	باليد
peu probable (adj)	hayhāt	هيهات

probablement (adv)	la'alla	لعلّ
exprès (adv)	qaṣdan	قصدا

par accident (adv)	ṣudfa	صدفة
très (adv)	ʒiddan	جدًا
par exemple (adv)	maθalan	مثلًا
entre (prep)	bayn	بين
parmi (prep)	bayn	بين
autant (adv)	haðihi al kammiyya	هذه الكمية
surtout (adv)	χāṣṣa	خاصّة

Concepts de base. Partie 2

19. Les jours de la semaine

lundi (m)	yawm al iθnayn (m)	يوم الإثنين
mardi (m)	yawm aθ θulāθā' (m)	يوم الثلاثاء
mercredi (m)	yawm al arbi'ā' (m)	يوم الأربعاء
jeudi (m)	yawm al xamīs (m)	يوم الخميس
vendredi (m)	yawm al ʒum'a (m)	يوم الجمعة
samedi (m)	yawm as sabt (m)	يوم السبت
dimanche (m)	yawm al aḥad (m)	يوم الأحد
aujourd'hui (adv)	al yawm	اليوم
demain (adv)	γadan	غدًا
après-demain (adv)	ba'd γad	بعد غد
hier (adv)	ams	أمس
avant-hier (adv)	awwal ams	أوّل أمس
jour (m)	yawm (m)	يوم
jour (m) ouvrable	yawm 'amal (m)	يوم عمل
jour (m) férié	yawm al 'uṭla ar rasmiyya (m)	يوم العطلة الرسمية
jour (m) de repos	yawm 'uṭla (m)	يوم عطلة
week-end (m)	ayyām al 'uṭla (pl)	أيام العطلة
toute la journée	ṭūl al yawm	طول اليوم
le lendemain	fil yawm at tāli	في اليوم التالي
il y a 2 jours	min yawmayn	قبل يومين
la veille	fil yawm as sābiq	في اليوم السابق
quotidien (adj)	yawmiy	يومي
tous les jours	yawmiyyan	يوميًا
semaine (f)	usbū' (m)	أسبوع
la semaine dernière	fil isbū' al māḍi	في الأسبوع الماضي
la semaine prochaine	fil isbū' al qādim	في الأسبوع القادم
hebdomadaire (adj)	usbū'iy	أسبوعي
chaque semaine	usbū'iyyan	أسبوعيًا
2 fois par semaine	marratayn fil usbū'	مرّتين في الأسبوع
tous les mardis	kull yawm aθ θulaθā'	كل يوم الثلاثاء

20. Les heures. Le jour et la nuit

matin (m)	ṣabāḥ (m)	صباح
le matin	fiṣ ṣabāḥ	في الصباح
midi (m)	ẓuhr (m)	ظهر
dans l'après-midi	ba'd aẓ ẓuhr	بعد الظهر
soir (m)	masā' (m)	مساء
le soir	fil masā'	في المساء

nuit (f)	layl (m)	ليل
la nuit	bil layl	بالليل
minuit (f)	muntaṣif al layl (m)	منتصف الليل
seconde (f)	θāniya (f)	ثانية
minute (f)	daqīqa (f)	دقيقة
heure (f)	sā'a (f)	ساعة
demi-heure (f)	niṣf sā'a (m)	نصف ساعة
un quart d'heure	rub' sā'a (f)	ربع ساعة
quinze minutes	xamsat 'aʃar daqīqa	خمس عشرة دقيقة
vingt-quatre heures	yawm kāmil (m)	يوم كامل
lever (m) du soleil	ʃurūq aʃ ʃams (m)	شروق الشمس
aube (f)	faʒr (m)	فجر
point (m) du jour	ṣabāḥ bākir (m)	صباح باكر
coucher (m) du soleil	ɣurūb aʃ ʃams (m)	غروب الشمس
tôt le matin	fis ṣabāḥ al bākir	في الصباح الباكر
ce matin	al yawm fiṣ ṣabāḥ	اليوم في الصباح
demain matin	ɣadan fiṣ ṣabāḥ	غدًا في الصباح
cet après-midi	al yawm ba'd aẓ ẓuhr	اليوم بعد الظهر
dans l'après-midi	ba'd aẓ ẓuhr	بعد الظهر
demain après-midi	ɣadan ba'd aẓ ẓuhr	غدًا بعد الظهر
ce soir	al yawm fil masā'	اليوم في المساء
demain soir	ɣadan fil masā'	غدًا في المساء
à 3 heures précises	fis sā'a aθ θāliθa tamāman	في الساعة الثالثة تماما
autour de 4 heures	fis sā'a ar rābi'a taqrīban	في الساعة الرابعة تقريبا
vers midi	ḥattas sā'a aθ θāniya 'aʃara	حتى الساعة الثانية عشرة
dans 20 minutes	ba'd 'iʃrīn daqīqa	بعد عشرين دقيقة
dans une heure	ba'd sā'a	بعد ساعة
à temps	fi maw'idih	في موعده
... moins le quart	illa rub'	إلا ربع
en une heure	ṭiwāl sā'a	طوال الساعة
tous les quarts d'heure	kull rub' sā'a	كل ربع ساعة
24 heures sur 24	layl nahār	ليل نهار

21. Les mois. Les saisons

janvier (m)	yanāyir (m)	يناير
février (m)	fibrāyir (m)	فبراير
mars (m)	māris (m)	مارس
avril (m)	abrīl (m)	أبريل
mai (m)	māyu (m)	مايو
juin (m)	yūnyu (m)	يونيو
juillet (m)	yūlyu (m)	يوليو
août (m)	aɣusṭus (m)	أغسطس
septembre (m)	sibtambar (m)	سبتمبر
octobre (m)	uktūbir (m)	أكتوبر
novembre (m)	nuvimbar (m)	نوفمبر

décembre (m)	disimbar (m)	ديسمبر
printemps (m)	rabīʻ (m)	ربيع
au printemps	fir rabīʻ	في الربيع
de printemps (adj)	rabīʻiy	ربيعي
été (m)	ṣayf (m)	صيف
en été	fiṣ ṣayf	في الصيف
d'été (adj)	ṣayfiy	صيفي
automne (m)	χarīf (m)	خريف
en automne	fil χarīf	في الخريف
d'automne (adj)	χarīfiy	خريفي
hiver (m)	ʃitā' (m)	شتاء
en hiver	fiʃ ʃitā'	في الشتاء
d'hiver (adj)	ʃitawiy	شتوي
mois (m)	ʃahr (m)	شهر
ce mois	fi haða aʃ ʃahr	في هذا الشهر
le mois prochain	fiʃ ʃahr al qādim	في الشهر القادم
le mois dernier	fiʃ ʃahr al māḍi	في الشهر الماضي
il y a un mois	qabl ʃahr	قبل شهر
dans un mois	baʻd ʃahr	بعد شهر
dans 2 mois	baʻd ʃahrayn	بعد شهرين
tout le mois	ṭūl aʃ ʃahr	طول الشهر
tout un mois	ʃahr kāmil	شهر كامل
mensuel (adj)	ʃahriy	شهريّ
mensuellement	kull ʃahr	كل شهر
chaque mois	kull ʃahr	كل شهر
2 fois par mois	marratayn fiʃ ʃahr	مرّتين في الشهر
année (f)	sana (f)	سنة
cette année	fi haðihi as sana	في هذه السنة
l'année prochaine	fis sana al qādima	في السنة القادمة
l'année dernière	fis sana al māḍiya	في السنة الماضية
il y a un an	qabla sana	قبل سنة
dans un an	baʻd sana	بعد سنة
dans 2 ans	baʻd sanatayn	بعد سنتين
toute l'année	ṭūl as sana	طول السنة
toute une année	sana kāmila	سنة كاملة
chaque année	kull sana	كل سنة
annuel (adj)	sanawiy	سنويّ
annuellement	kull sana	كل سنة
4 fois par an	arbaʻ marrāt fis sana	أربع مرّات في السنة
date (f) (jour du mois)	tarīχ (m)	تاريخ
date (f) (~ mémorable)	tarīχ (m)	تاريخ
calendrier (m)	taqwīm (m)	تقويم
six mois	niṣf sana (m)	نصف سنة
semestre (m)	niṣf sana (m)	نصف سنة
saison (f)	faṣl (m)	فصل
siècle (m)	qarn (m)	قرن

22. Les unités de mesure

Français	Translittération	Arabe
poids (m)	wazn (m)	وزن
longueur (f)	ṭūl (m)	طول
largeur (f)	'arḍ (m)	عرض
hauteur (f)	irtifā' (m)	إرتفاع
profondeur (f)	'umq (m)	عمق
volume (m)	ḥaʒm (m)	حجم
aire (f)	misāḥa (f)	مساحة
gramme (m)	grām (m)	جرام
milligramme (m)	milliɣrām (m)	مليغرام
kilogramme (m)	kiluɣrām (m)	كيلوغرام
tonne (f)	ṭunn (m)	طن
livre (f)	raṭl (m)	رطل
once (f)	ūnṣa (f)	أونصة
mètre (m)	mitr (m)	متر
millimètre (m)	millimitr (m)	مليمتر
centimètre (m)	santimitr (m)	سنتيمتر
kilomètre (m)	kilumitr (m)	كيلومتر
mille (m)	mīl (m)	ميل
pouce (m)	būṣa (f)	بوصة
pied (m)	qadam (m)	قدم
yard (m)	yārda (f)	ياردة
mètre (m) carré	mitr murabba' (m)	متر مربّع
hectare (m)	hiktār (m)	هكتار
litre (m)	litr (m)	لتر
degré (m)	daraʒa (f)	درجة
volt (m)	vūlt (m)	فولت
ampère (m)	ambīr (m)	أمبير
cheval-vapeur (m)	ḥiṣān (m)	حصان
quantité (f)	kammiyya (f)	كمّيّة
un peu de ...	qalīl ...	قليل...
moitié (f)	niṣf (m)	نصف
douzaine (f)	iθnā 'aʃar (m)	إثنا عشر
pièce (f)	waḥda (f)	وحدة
dimension (f)	ḥaʒm (m)	حجم
échelle (f) (de la carte)	miqyās (m)	مقياس
minimal (adj)	al adna	الأدنى
le plus petit (adj)	al aṣɣar	الأصغر
moyen (adj)	mutawassiṭ	متوسّط
maximal (adj)	al aqṣa	الأقصى
le plus grand (adj)	al akbar	الأكبر

23. Les récipients

Français	Translittération	Arabe
bocal (m) en verre	barṭamān (m)	برطمان
boîte, canette (f)	tanaka (f)	تنكة

seau (m)	ʒardal (m)	جردل
tonneau (m)	barmīl (m)	برميل
bassine, cuvette (f)	ḥawḍ lil ɣasīl (m)	حوض للغسيل
cuve (f)	xazzān (m)	خزّان
flasque (f)	zamzamiyya (f)	زمزميّة
jerrican (m)	ʒirikan (m)	جركن
citerne (f)	xazzān (m)	خزّان
tasse (f), mug (m)	māgg (m)	ماجّ
tasse (f)	finʒān (m)	فنجان
soucoupe (f)	ṭabaq finʒān (m)	طبق فنجان
verre (m) (~ d'eau)	kubbāya (f)	كبّاية
verre (m) à vin	kaʾs (f)	كأس
faitout (m)	kassirūlla (f)	كاسرولة
bouteille (f)	zuʒāʒa (f)	زجاجة
goulot (m)	ʿunq (m)	عنق
carafe (f)	dawraq zuʒāʒiy (m)	دورق زجاجيّ
pichet (m)	ibrīq (m)	إبريق
récipient (m)	ināʾ (m)	إناء
pot (m)	aṣīṣ (m)	أصيص
vase (m)	vāza (f)	فازة
flacon (m)	zuʒāʒa (f)	زجاجة
fiole (f)	zuʒāʒa (f)	زجاجة
tube (m)	umbūba (f)	أنبوبة
sac (m) (grand ~)	kīs (m)	كيس
sac (m) (~ en plastique)	kīs (m)	كيس
paquet (m) (~ de cigarettes)	ʿulba (f)	علبة
boîte (f)	ʿulba (f)	علبة
caisse (f)	ṣundūʾ (m)	صندوق
panier (m)	salla (f)	سلّة

L'HOMME

L'homme. Le corps humain

24. La tête

tête (f)	ra's (m)	رأس
visage (m)	waʒh (m)	وجه
nez (m)	anf (m)	أنف
bouche (f)	fam (m)	فم
œil (m)	ʻayn (f)	عين
les yeux	ʻuyūn (pl)	عيون
pupille (f)	ḥadaqa (f)	حدقة
sourcil (m)	ḥāʒib (m)	حاجب
cil (m)	rimʃ (m)	رمش
paupière (f)	ʒafn (m)	جفن
langue (f)	lisān (m)	لسان
dent (f)	sinn (f)	سن
lèvres (f pl)	ʃifāh (pl)	شفاه
pommettes (f pl)	ʻiʒām waʒhiyya (pl)	عظام وجهيّة
gencive (f)	liθθa (f)	لثة
palais (m)	ḥanak (m)	حنك
narines (f pl)	minxarān (du)	منخران
menton (m)	ðaqan (m)	ذقن
mâchoire (f)	fakk (m)	فكّ
joue (f)	xadd (m)	خدّ
front (m)	ʒabha (f)	جبهة
tempe (f)	ṣudɣ (m)	صدغ
oreille (f)	uðun (m)	أذن
nuque (f)	qafa (m)	قفا
cou (m)	raqaba (f)	رقبة
gorge (f)	ḥalq (m)	حلق
cheveux (m pl)	ʃaʻr (m)	شعر
coiffure (f)	tasrīḥa (f)	تسريحة
coupe (f)	tasrīḥa (f)	تسريحة
perruque (f)	barūka (f)	باروكة
moustache (f)	ʃawārib (pl)	شوارب
barbe (f)	liḥya (f)	لحية
porter (~ la barbe)	ʻindahu	عنده
tresse (f)	ḍifira (f)	ضفيرة
favoris (m pl)	sawālif (pl)	سوالف
roux (adj)	aḥmar aʃ ʃaʻr	أحمر الشعر
gris, grisonnant (adj)	abyaḍ	أبيض

chauve (adj)	aṣlaʿ	أصلع
calvitie (f)	ṣalaʿ (m)	صلع
queue (f) de cheval	ðayl ḥiṣān (m)	ذيل حصان
frange (f)	quṣṣa (f)	قصّة

25. Le corps humain

main (f)	yad (m)	يد
bras (m)	ðirāʿ (f)	ذراع
doigt (m)	iṣbaʿ (m)	إصبع
orteil (m)	iṣbaʿ al qadam (m)	إصبع القدم
pouce (m)	ibhām (m)	إبهام
petit doigt (m)	χunṣur (m)	خنصر
ongle (m)	ẓufr (m)	ظفر
poing (m)	qabḍa (f)	قبضة
paume (f)	kaff (f)	كفّ
poignet (m)	miʿṣam (m)	معصم
avant-bras (m)	sāʿid (m)	ساعد
coude (m)	mirfaq (m)	مرفق
épaule (f)	katf (f)	كتف
jambe (f)	riʒl (f)	رجل
pied (m)	qadam (f)	قدم
genou (m)	rukba (f)	ركبة
mollet (m)	sammāna (f)	سمّانة
hanche (f)	faχð (f)	فخذ
talon (m)	ʿaqb (m)	عقب
corps (m)	ʒism (m)	جسم
ventre (m)	baṭn (m)	بطن
poitrine (f)	ṣadr (m)	صدر
sein (m)	θady (m)	ثدي
côté (m)	ʒamb (m)	جنب
dos (m)	ẓahr (m)	ظهر
reins (région lombaire)	asfal aẓ ẓahr (m)	أسفل الظهر
taille (f) (~ de guêpe)	χaṣr (m)	خصر
nombril (m)	surra (f)	سرّة
fesses (f pl)	ardāf (pl)	أرداف
derrière (m)	dubr (m)	دبر
grain (m) de beauté	ʃāma (f)	شامة
tache (f) de vin	waḥma	وحمة
tatouage (m)	waʃm (m)	وشم
cicatrice (f)	nadba (f)	ندبة

Les vêtements & les accessoires

26. Les vêtements d'extérieur

vêtement (m)	malābis (pl)	ملابس
survêtement (m)	malābis fawqāniyya (pl)	ملابس فوقانيّة
vêtement (m) d'hiver	malābis ʃitawiyya (pl)	ملابس شتويّة
manteau (m)	miʻṭaf (m)	معطف
manteau (m) de fourrure	miʻṭaf farw (m)	معطف فرو
veste (f) de fourrure	ʒakīt farw (m)	جاكيت فرو
manteau (m) de duvet	ḥaʃiyyat rīʃ (m)	حشية ريش
veste (f) (~ en cuir)	ʒākīt (m)	جاكيت
imperméable (m)	miʻṭaf lil maṭar (m)	معطف للمطر
imperméable (adj)	ṣāmid lil māʼ	صامد للماء

27. Men's & women's clothing

chemise (f)	qamīṣ (m)	قميص
pantalon (m)	banṭalūn (m)	بنطلون
jean (m)	ʒīnz (m)	جينز
veston (m)	sutra (f)	سترة
complet (m)	badla (f)	بدلة
robe (f)	fustān (m)	فستان
jupe (f)	tannūra (f)	تنّورة
chemisette (f)	blūza (f)	بلوزة
veste (f) en laine	kardigān (m)	كارديجان
jaquette (f), blazer (m)	ʒākīt (m)	جاكيت
tee-shirt (m)	ti ʃirt (m)	تي شيرت
short (m)	ʃūrt (m)	شورت
costume (m) de sport	badlat at tadrīb (f)	بدلة التدريب
peignoir (m) de bain	θawb ḥammām (m)	ثوب حمّام
pyjama (m)	biʒāma (f)	بيجاما
chandail (m)	bulūvir (m)	بلوفر
pull-over (m)	bulūvir (m)	بلوفر
gilet (m)	ṣudayriy (m)	صديريّ
queue-de-pie (f)	badlat sahra (f)	بدلة سهرة
smoking (m)	smūkin (m)	سموكن
uniforme (m)	zayy muwaḥḥad (m)	زيّ موحّد
tenue (f) de travail	θiyāb al ʻamal (m)	ثياب العمل
salopette (f)	uvirūl (m)	اوفرول
blouse (f) (d'un médecin)	θawb (m)	ثوب

28. Les sous-vêtements

sous-vêtements (m pl)	malābis dāxiliyya (pl)	ملابس داخليّة
boxer (m)	sirwāl dāxiliy riǧāliy (m)	سروال داخلي رجاليّ
slip (m) de femme	sirwāl dāxiliy nisā'iy (m)	سروال داخلي نسائيّ
maillot (m) de corps	qamīṣ bila aqmām (m)	قميص بلا أكمام
chaussettes (f pl)	ʒawārib (pl)	جوارب
chemise (f) de nuit	qamīṣ nawm (m)	قميص نوم
soutien-gorge (m)	ḥammālat ṣadr (f)	حمّالة صدر
chaussettes (f pl) hautes	ʒawārib ṭawīla (pl)	جوارب طويلة
collants (m pl)	ʒawārib kulūn (pl)	جوارب كولون
bas (m pl)	ʒawārib nisā'iyya (pl)	جوارب نسائية
maillot (m) de bain	libās sibāḥa (m)	لباس سباحة

29. Les chapeaux

chapeau (m)	qubba'a (f)	قبّعة
chapeau (m) feutre	burnayṭa (f)	برنيطة
casquette (f) de base-ball	kāb baysbūl (m)	كاب بيسبول
casquette (f)	qubba'a musaṭṭaḥa (f)	قبّعة مسطحة
béret (m)	birīh (m)	بيريه
capuche (f)	ɣiṭā' (m)	غطاء
panama (m)	qubba'at banāma (f)	قبّعة بناما
bonnet (m) de laine	qubbā'a maḥbūka (m)	قبّعة محبوكة
foulard (m)	īʃārb (m)	إيشارب
chapeau (m) de femme	burnayṭa (f)	برنيطة
casque (m) (d'ouvriers)	xūða (f)	خوذة
calot (m)	kāb (m)	كاب
casque (m) (~ de moto)	xūða (f)	خوذة
melon (m)	qubba'at dirbi (f)	قبّعة ديربي
haut-de-forme (m)	qubba'a 'āliya (f)	قبّعة عالية

30. Les chaussures

chaussures (f pl)	aḥðiya (pl)	أحذية
bottines (f pl)	ʒazma (f)	جزمة
souliers (m pl) (~ plats)	ʒazma (f)	جزمة
bottes (f pl)	būt (m)	بوت
chaussons (m pl)	ʃibʃib (m)	شبشب
tennis (m pl)	ḥiðā' riyāḍiy (m)	حذاء رياضيّ
baskets (f pl)	kutʃi (m)	كوتشي
sandales (f pl)	ṣandal (pl)	صندل
cordonnier (m)	iskāfiy (m)	إسكافيّ
talon (m)	ka'b (m)	كعب

paire (f)	zawʒ (m)	زوج
lacet (m)	ʃarīṭ (m)	شريط
lacer (vt)	rabaṭ	ربط
chausse-pied (m)	labbāsat ḥiðā' (f)	لبّاسة حذاء
cirage (m)	warnīʃ al ḥiðā' (m)	ورنيش الحذاء

31. Les accessoires personnels

gants (m pl)	quffāz (m)	قفّاز
moufles (f pl)	quffāz muɣlaq (m)	قفّاز مغلق
écharpe (f)	'īʃārb (m)	إيشارب
lunettes (f pl)	nazzāra (f)	نظّارة
monture (f)	iṭār (m)	إطار
parapluie (m)	ʃamsiyya (f)	شمسيّة
canne (f)	'aṣa (f)	عصا
brosse (f) à cheveux	furʃat ʃa'r (f)	فرشة شعر
éventail (m)	mirwaḥa yadawiyya (f)	مروحة يدويّة
cravate (f)	karavatta (f)	كرافتة
nœud papillon (m)	babyūn (m)	ببيون
bretelles (f pl)	ḥammāla (f)	حمّالة
mouchoir (m)	mandīl (m)	منديل
peigne (m)	miʃṭ (m)	مشط
barrette (f)	dabbūs (m)	دبّوس
épingle (f) à cheveux	bansa (m)	بنسة
boucle (f)	bukla (f)	بكلة
ceinture (f)	ḥizām (m)	حزام
bandoulière (f)	ḥammalat al katf (f)	حمّالة الكتف
sac (m)	ʃanṭa (f)	شنطة
sac (m) à main	ʃanṭat yad (f)	شنطة يد
sac (m) à dos	ḥaqībat ẓahr (f)	حقيبة ظهر

32. Les vêtements. Divers

mode (f)	mūḍa (f)	موضة
à la mode (adj)	fil mūḍa	في الموضة
couturier, créateur de mode	muṣammim azyā' (m)	مصمّم أزياء
col (m)	yāqa (f)	ياقة
poche (f)	ʒayb (m)	جيب
de poche (adj)	ʒayb	جيب
manche (f)	kumm (m)	كمّ
bride (f)	'allāqa (f)	علّاقة
braguette (f)	lisān (m)	لسان
fermeture (f) à glissière	zimām munzaliq (m)	زمام منزلق
agrafe (f)	miʃbak (m)	مشبك
bouton (m)	zirr (m)	زرّ

boutonnière (f)	'urwa (f)	عروة
s'arracher (bouton)	waqa'	وقع
coudre (vi, vt)	xāṭ	خاط
broder (vt)	ṭarraz	طرّز
broderie (f)	taṭrīz (m)	تطريز
aiguille (f)	ibra (f)	إبرة
fil (m)	xayṭ (m)	خيط
couture (f)	darz (m)	درز
se salir (vp)	tawassax	توسّخ
tache (f)	buq'a (f)	بقعة
se froisser (vp)	takarmaʃ	تكرمش
déchirer (vt)	qaṭṭa'	قطّع
mite (f)	'uθθa (f)	عثّة

33. L'hygiène corporelle. Les cosmétiques

dentifrice (m)	ma'ʒūn asnān (m)	معجون أسنان
brosse (f) à dents	furʃat asnān (f)	فرشة أسنان
se brosser les dents	naẓẓaf al asnān	نظّف الأسنان
rasoir (m)	mūs ḥilāqa (m)	موس حلاقة
crème (f) à raser	krīm ḥilāqa (m)	كريم حلاقة
se raser (vp)	ḥalaq	حلق
savon (m)	ṣābūn (m)	صابون
shampooing (m)	ʃāmbū (m)	شامبو
ciseaux (m pl)	maqaṣṣ (m)	مقصّ
lime (f) à ongles	mibrad (m)	مبرد
pinces (f pl) à ongles	milqaṭ (m)	ملقط
pince (f) à épiler	milqaṭ (m)	ملقط
produits (m pl) de beauté	mawādd at taʒmīl (pl)	موادّ التجميل
masque (m) de beauté	mask (m)	ماسك
manucure (f)	manikūr (m)	مانيكور
se faire les ongles	'amal manikūr	عمل مانيكور
pédicurie (f)	badikīr (m)	باديكير
trousse (f) de toilette	ḥaqībat adawāt at taʒmīl (f)	حقيبة أدوات التجميل
poudre (f)	budrat waʒh (f)	بودرة وجه
poudrier (m)	'ulbat būdra (f)	علبة بودرة
fard (m) à joues	aḥmar xudūd (m)	أحمر خدود
parfum (m)	'iṭr (m)	عطر
eau (f) de toilette	kulūnya (f)	كولونيا
lotion (f)	lusiyun (m)	لوسيون
eau de Cologne (f)	kulūniya (f)	كولونيا
fard (m) à paupières	ay ʃaduw (m)	اي شادو
crayon (m) à paupières	kuḥl al 'uyūn (m)	كحل العيون
mascara (m)	maskara (f)	ماسكارا
rouge (m) à lèvres	aḥmar ʃifāh (m)	أحمر شفاه

vernis (m) à ongles	mulammiʿ al aẓāfir (m)	ملمِّع الاظافر
laque (f) pour les cheveux	muθabbit aʃ ʃaʿr (m)	مثبِّت الشعر
déodorant (m)	muzīl rawāʾiḥ (m)	مزيل روائح
crème (f)	krīm (m)	كريم
crème (f) pour le visage	krīm lil waʒh (m)	كريم للوجه
crème (f) pour les mains	krīm lil yadayn (m)	كريم لليدين
crème (f) anti-rides	krīm muḍādd lit taʒāʾid (m)	كريم مضادّ للتجاعيد
crème (f) de jour	krīm an nahār (m)	كريم النهار
crème (f) de nuit	krīm al layl (m)	كريم الليل
de jour (adj)	nahāriy	نهاريّ
de nuit (adj)	layliy	ليلي
tampon (m)	tambūn (m)	تانبون
papier (m) de toilette	waraq ḥammām (m)	ورق حمّام
sèche-cheveux (m)	muʒaffif ʃaʿr (m)	مجفِّف شعر

34. Les montres. Les horloges

montre (f)	sāʿa (f)	ساعة
cadran (m)	waʒh as sāʿa (m)	وجه الساعة
aiguille (f)	ʿaqrab as sāʿa (m)	عقرب الساعة
bracelet (m)	siwār sāʿa maʿdaniyya (m)	سوار ساعة معدنية
bracelet (m) (en cuir)	siwār sāʿa (m)	سوار ساعة
pile (f)	baṭṭāriyya (f)	بطّاريَة
être déchargé	tafarraɣ	تفرَّغ
changer de pile	ɣayyar al baṭṭāriyya	غيِّر البطّاريَة
avancer (vi)	sabaq	سبق
retarder (vi)	taʾaxxar	تأخَّر
pendule (f)	sāʿat ḥāʾiṭ (f)	ساعة حائط
sablier (m)	sāʿa ramliyya (f)	ساعة رمليَّة
cadran (m) solaire	sāʿa ʃamsiyya (f)	ساعة شمسيَّة
réveil (m)	munabbih (m)	منبِّه
horloger (m)	saʿātiy (m)	ساعاتيّ
réparer (vt)	aṣlaḥ	أصلح

Les aliments. L'alimentation

35. Les aliments

Français	Translittération	Arabe
viande (f)	laḥm (m)	لحم
poulet (m)	daʒāʒ (m)	دجاج
poulet (m) (poussin)	farrūʒ (m)	فروج
canard (m)	baṭṭa (f)	بطّة
oie (f)	iwazza (f)	إوزّة
gibier (m)	ṣayd (m)	صيد
dinde (f)	daʒāʒ rūmiy (m)	دجاج رومي
du porc	laḥm al xinzīr (m)	لحم الخنزير
du veau	laḥm il 'iʒl (m)	لحم العجل
du mouton	laḥm aḍ ḍa'n (m)	لحم الضأن
du bœuf	laḥm al baqar (m)	لحم البقر
lapin (m)	arnab (m)	أرنب
saucisson (m)	suʒuq (m)	سجق
saucisse (f)	suʒuq (m)	سجق
bacon (m)	bikūn (m)	بيكون
jambon (m)	hām (m)	هام
cuisse (f)	faxð xinzīr (m)	فخذ خنزير
pâté (m)	ma'ʒūn laḥm (m)	معجون لحم
foie (m)	kibda (f)	كبدة
farce (f)	ḥaʃwa (f)	حشوة
langue (f)	lisān (m)	لسان
œuf (m)	bayḍa (f)	بيضة
les œufs	bayḍ (m)	بيض
blanc (m) d'œuf	bayāḍ al bayḍ (m)	بياض البيض
jaune (m) d'œuf	ṣafār al bayḍ (m)	صفار البيض
poisson (m)	samak (m)	سمك
fruits (m pl) de mer	fawākih al baḥr (pl)	فواكه البحر
caviar (m)	kaviyār (m)	كافيار
crabe (m)	salṭa'ūn (m)	سلطعون
crevette (f)	ʒambari (m)	جمبري
huître (f)	maḥār (m)	محار
langoustine (f)	karkand ʃāik (m)	كركند شائك
poulpe (m)	uxṭubūṭ (m)	أخطبوط
calamar (m)	kalmāri (m)	كالماري
esturgeon (m)	samak al ḥaʃʃ (m)	سمك الحفش
saumon (m)	salmūn (m)	سلمون
flétan (m)	samak al halbūt (m)	سمك الهلبوت
morue (f)	samak al qudd (m)	سمك القدّ
maquereau (m)	usqumriy (m)	أسقمريّ

thon (m)	tūna (f)	تونة
anguille (f)	ḥankalīs (m)	حنكليس
truite (f)	salmūn muraqqaṭ (m)	سلمون مرقّط
sardine (f)	sardīn (m)	سردين
brochet (m)	samak al karāki (m)	سمك الكراكي
hareng (m)	rinʒa (f)	رنجة
pain (m)	χubz (m)	خبز
fromage (m)	ʒubna (f)	جبنة
sucre (m)	sukkar (m)	سكّر
sel (m)	milḥ (m)	ملح
riz (m)	urz (m)	أرز
pâtes (m pl)	makarūna (f)	مكرونة
nouilles (f pl)	nūdlis (f)	نودلز
beurre (m)	zubda (f)	زبدة
huile (f) végétale	zayt (m)	زيت
huile (f) de tournesol	zayt ʿabīd aʃ ʃams (m)	زيت عبيد الشمس
margarine (f)	marɣarīn (m)	مرغرين
olives (f pl)	zaytūn (m)	زيتون
huile (f) d'olive	zayt az zaytūn (m)	زيت الزيتون
lait (m)	ḥalīb (m)	حليب
lait (m) condensé	ḥalīb mukaθθaf (m)	حليب مكثف
yogourt (m)	yūɣurt (m)	يوغورت
crème (f) aigre	krīma ḥāmiḍa (f)	كريمة حامضة
crème (f) (de lait)	krīma (f)	كريمة
sauce (f) mayonnaise	mayunīz (m)	مايونيز
crème (f) au beurre	krīmat zubda (f)	كريمة زبدة
gruau (m)	ḥubūb (pl)	حبوب
farine (f)	daqīq (m)	دقيق
conserves (f pl)	muʿallabāt (pl)	معلّبات
pétales (m pl) de maïs	kurn fliks (m)	كورن فليكس
miel (m)	ʿasal (m)	عسل
confiture (f)	murabba (m)	مربى
gomme (f) à mâcher	ʿilk (m)	علك

36. Les boissons

eau (f)	māʾ (m)	ماء
eau (f) potable	māʾ ʃurb (m)	ماء شرب
eau (f) minérale	māʾ maʿdaniy (m)	ماء معدنيّ
plate (adj)	bi dūn ɣāz	بدون غاز
gazeuse (l'eau ~)	mukarban	مكربن
pétillante (adj)	bil ɣāz	بالغاز
glace (f)	θalʒ	ثلج
avec de la glace	biθ θalʒ	بالثلج

sans alcool	bi dūn kuḥūl	بدون كحول
boisson (f) non alcoolisée	maʃrūb ɣāziy (m)	مشروب غازي
rafraîchissement (m)	maʃrūb muθallaʒ (m)	مشروب مثلج
limonade (f)	ʃarāb laymūn (m)	شراب ليمون
boissons (f pl) alcoolisées	maʃrūbāt kuḥūliyya (pl)	مشروبات كحولية
vin (m)	nabīð (f)	نبيذ
vin (m) blanc	nibīð abyaḍ (m)	نبيذ أبيض
vin (m) rouge	nabīð aḥmar (m)	نبيذ أحمر
liqueur (f)	liqiūr (m)	ليكيور
champagne (m)	ʃambāniya (f)	شمبانيا
vermouth (m)	virmut (m)	فيرموث
whisky (m)	wiski (m)	وسكي
vodka (f)	vudka (f)	فودكا
gin (m)	ʒīn (m)	جين
cognac (m)	kunyāk (m)	كونياك
rhum (m)	rum (m)	رم
café (m)	qahwa (f)	قهوة
café (m) noir	qahwa sāda (f)	قهوة سادة
café (m) au lait	qahwa bil ḥalīb (f)	قهوة بالحليب
cappuccino (m)	kaputʃīnu (m)	كابتشينو
café (m) soluble	niskafi (m)	نيسكافيه
lait (m)	ḥalīb (m)	حليب
cocktail (m)	kuktayl (m)	كوكتيل
cocktail (m) au lait	milk ʃiyk (m)	ميلك شيك
jus (m)	'aṣīr (m)	عصير
jus (m) de tomate	'aṣīr ṭamāṭim (m)	عصير طماطم
jus (m) d'orange	'aṣīr burtuqāl (m)	عصير برتقال
jus (m) pressé	'aṣīr ṭāziʒ (m)	عصير طازج
bière (f)	bīra (f)	بيرة
bière (f) blonde	bīra xafīfa (f)	بيرة خفيفة
bière (f) brune	bīra ɣāmiqa (f)	بيرة غامقة
thé (m)	ʃāy (m)	شاي
thé (m) noir	ʃāy aswad (m)	شاي أسود
thé (m) vert	ʃāy axḍar (m)	شاي أخضر

37. Les légumes

légumes (m pl)	xuḍār (pl)	خضار
verdure (f)	xuḍrawāt waraqiyya (pl)	خضروات ورقية
tomate (f)	ṭamāṭim (f)	طماطم
concombre (m)	xiyār (m)	خيار
carotte (f)	ʒazar (m)	جزر
pomme (f) de terre	baṭāṭis (f)	بطاطس
oignon (m)	baṣal (m)	بصل
ail (m)	θūm (m)	ثوم

chou (m)	kurumb (m)	كرنب
chou-fleur (m)	qarnabīṭ (m)	قرنبيط
chou (m) de Bruxelles	kurumb brūksil (m)	كرنب بروكسل
brocoli (m)	brukuli (m)	بركولي
betterave (f)	banʒar (m)	بنجر
aubergine (f)	bātinʒān (m)	باذنجان
courgette (f)	kūsa (f)	كوسة
potiron (m)	qarʽ (m)	قرع
navet (m)	lift (m)	لفت
persil (m)	baqdūnis (m)	بقدونس
fenouil (m)	ʃabat (m)	شبت
laitue (f) (salade)	χass (m)	خسّ
céleri (m)	karafs (m)	كرفس
asperge (f)	halyūn (m)	هليون
épinard (m)	sabāniχ (m)	سبانخ
pois (m)	bisilla (f)	بسلة
fèves (f pl)	fūl (m)	فول
maïs (m)	ðura (f)	ذرة
haricot (m)	faṣūliya (f)	فاصوليا
poivron (m)	filfil (m)	فلفل
radis (m)	fiʒl (m)	فجل
artichaut (m)	χurʃūf (m)	خرشوف

38. Les fruits. Les noix

fruit (m)	fākiha (f)	فاكهة
pomme (f)	tuffāḥa (f)	تفّاحة
poire (f)	kummaθra (f)	كمّثرى
citron (m)	laymūn (m)	ليمون
orange (f)	burtuqāl (m)	برتقال
fraise (f)	farawla (f)	فراولة
mandarine (f)	yūsufiy (m)	يوسفي
prune (f)	barqūq (m)	برقوق
pêche (f)	durrāq (m)	دراق
abricot (m)	miʃmiʃ (m)	مشمش
framboise (f)	tūt al ʽullayq al aḥmar (m)	توت العليق الأحمر
ananas (m)	ananās (m)	أناناس
banane (f)	mawz (m)	موز
pastèque (f)	baṭṭīχ aḥmar (m)	بطّيخ أحمر
raisin (m)	ʽinab (m)	عنب
merise (f), cerise (f)	karaz (m)	كرز
melon (m)	baṭṭīχ aṣfar (m)	بطّيخ أصفر
pamplemousse (m)	zinbāʽ (m)	زنباع
avocat (m)	avukādu (m)	افوكاتو
papaye (f)	babāya (f)	بابايا
mangue (f)	mangu (m)	مانجو
grenade (f)	rummān (m)	رمان

groseille (f) rouge	kiʃmiʃ aḥmar (m)	كشمش أحمر
cassis (m)	ʻinab aθ θaʻlab al aswad (m)	عنب الثعلب الأسود
groseille (f) verte	ʻinab aθ θaʻlab (m)	عنب الثعلب
myrtille (f)	ʻinab al aḥrāʒ (m)	عنب الأحراج
mûre (f)	θamar al ʻullayk (m)	ثمر العليّق
raisin (m) sec	zabīb (m)	زبيب
figue (f)	tīn (m)	تين
datte (f)	tamr (m)	تمر
cacahuète (f)	fūl sudāniy (m)	فول سوداني
amande (f)	lawz (m)	لوز
noix (f)	ʻayn al ʒamal (f)	عين الجمل
noisette (f)	bunduq (m)	بندق
noix (f) de coco	ʒawz al hind (m)	جوز هند
pistaches (f pl)	fustuq (m)	فستق

39. Le pain. Les confiseries

confiserie (f)	ḥalawiyyāt (pl)	حلويّات
pain (m)	χubz (m)	خبز
biscuit (m)	baskawīt (m)	بسكويت
chocolat (m)	ʃukulāta (f)	شكولاتة
en chocolat (adj)	biʃ ʃukulāta	بالشكولاتة
bonbon (m)	bumbūn (m)	بونبون
gâteau (m), pâtisserie (f)	kaʻk (m)	كعك
tarte (f)	tūrta (f)	تورتة
gâteau (m)	faṭīra (f)	فطيرة
garniture (f)	ḥaʃwa (f)	حشوة
confiture (f)	murabba (m)	مربّى
marmelade (f)	marmalād (m)	مرملاد
gaufre (f)	wāfil (m)	وافل
glace (f)	muθallaʒāt (pl)	مثلّجات
pudding (m)	būding (m)	بودنج

40. Les plats cuisinés

plat (m)	waʒba (f)	وجبة
cuisine (f)	maṭbaχ (m)	مطبخ
recette (f)	waṣfa (f)	وصفة
portion (f)	waʒba (f)	وجبة
salade (f)	sulṭa (f)	سلطة
soupe (f)	ʃūrba (f)	شوربة
bouillon (m)	maraq (m)	مرق
sandwich (m)	sandawitʃ (m)	ساندويتش
les œufs brouillés	bayḍ maqliy (m)	بيض مقلي
hamburger (m)	hamburger (m)	هامبورجر

steak (m)	biftīk (m)	بفتيك
garniture (f)	ṭabaq ʒānibiy (m)	طبق جانبيّ
spaghettis (m pl)	spaɣitti	سباغيتي
purée (f)	harīs baṭāṭis (m)	هريس بطاطس
pizza (f)	bītza (f)	بيتزا
bouillie (f)	ʿasīda (f)	عصيدة
omelette (f)	bayḍ maxfūq (m)	بيض مخفوق
cuit à l'eau (adj)	maslūq	مسلوق
fumé (adj)	mudaxxin	مدخّن
frit (adj)	maqliy	مقليّ
sec (adj)	muʒaffaf	مجفّف
congelé (adj)	muʒammad	مجمّد
mariné (adj)	muxallil	مخلّل
sucré (adj)	musakkar	مسكّر
salé (adj)	māliḥ	مالح
froid (adj)	bārid	بارد
chaud (adj)	sāxin	ساخن
amer (adj)	murr	مرّ
bon (savoureux)	laðīð	لذيذ
cuire à l'eau	ṭabax	طبخ
préparer (le dîner)	ḥaḍḍar	حضّر
faire frire	qala	قلى
réchauffer (vt)	saxxan	سخّن
saler (vt)	mallaḥ	ملّح
poivrer (vt)	falfal	فلفل
râper (vt)	baʃar	بشر
peau (f)	qiʃra (f)	قشرة
éplucher (vt)	qaʃʃar	قشّر

41. Les épices

sel (m)	milḥ (m)	ملح
salé (adj)	māliḥ	مالح
saler (vt)	mallaḥ	ملّح
poivre (m) noir	filfil aswad (m)	فلفل أسود
poivre (m) rouge	filfil aḥmar (m)	فلفل أحمر
moutarde (f)	ṣalṣat al xardal (f)	صلصة الخردل
raifort (m)	fiʒl ḥārr (m)	فجل حارّ
condiment (m)	tābil (m)	تابل
épice (f)	bahār (m)	بهار
sauce (f)	ṣalṣa (f)	صلصة
vinaigre (m)	xall (m)	خلّ
anis (m)	yānsūn (m)	يانسون
basilic (m)	rīḥān (m)	ريحان
clou (m) de girofle	qurumful (m)	قرنفل
gingembre (m)	zanʒabīl (m)	زنجبيل
coriandre (m)	kuzbara (f)	كزبرة

cannelle (f)	qirfa (f)	قرفة
sésame (m)	simsim (m)	سمسم
feuille (f) de laurier	awrāq al ɣār (pl)	أوراق الغار
paprika (m)	babrika (f)	بابريكا
cumin (m)	karāwiya (f)	كراوية
safran (m)	za'farān (m)	زعفران

42. Les repas

nourriture (f)	akl (m)	أكل
manger (vi, vt)	akal	أكل
petit déjeuner (m)	futūr (m)	فطور
prendre le petit déjeuner	aftar	أفطر
déjeuner (m)	ɣadā' (m)	غداء
déjeuner (vi)	taɣadda	تغدى
dîner (m)	'aʃā' (m)	عشاء
dîner (vi)	ta'aʃʃa	تعشّى
appétit (m)	ʃahiyya (f)	شهيّة
Bon appétit!	hanīʾan marīʾan!	هنيئًا مريئًا!
ouvrir (vt)	fataḥ	فتح
renverser (liquide)	dalaq	دلق
se renverser (liquide)	indalaq	إندلق
bouillir (vi)	ɣala	غلى
faire bouillir	ɣala	غلى
bouilli (l'eau ~e)	maɣliy	مغليّ
refroidir (vt)	barrad	برّد
se refroidir (vp)	tabarrad	تبرّد
goût (m)	ṭa'm (m)	طعم
arrière-goût (m)	al maðāq al 'āliq fil fam (m)	المذاق العالق فى الفم
suivre un régime	faqad al wazn	فقد الوزن
régime (m)	ḥimya ɣaðā'iyya (f)	حمية غذائية
vitamine (f)	vitamīn (m)	فيتامين
calorie (f)	su'ra ḥarāriyya (f)	سعرة حراريّة
végétarien (m)	nabātiy (m)	نباتيّ
végétarien (adj)	nabātiy	نباتيّ
lipides (m pl)	duhūn (pl)	دهون
protéines (f pl)	brutināt (pl)	بروتينات
glucides (m pl)	naʃawiyyāt (pl)	نشويّات
tranche (f)	ʃarīḥa (f)	شريحة
morceau (m)	qit'a (f)	قطعة
miette (f)	futāta (f)	فتاتة

43. Le dressage de la table

cuillère (f)	mil'aqa (f)	ملعقة
couteau (m)	sikkīn (m)	سكّين

fourchette (f)	ʃawka (f)	شوكة
tasse (f)	finʒān (m)	فنجان
assiette (f)	ṭabaq (m)	طبق
soucoupe (f)	ṭabaq finʒān (m)	طبق فنجان
serviette (f)	mandīl (m)	منديل
cure-dent (m)	χallat asnān (f)	خلّة أسنان

44. Le restaurant

restaurant (m)	maṭʿam (m)	مطعم
salon (m) de café	kafé (m), maqha (m)	كافيه، مقهى
bar (m)	bār (m)	بار
salon (m) de thé	ṣālun ʃāy (m)	صالون شاي
serveur (m)	nādil (m)	نادل
serveuse (f)	nādila (f)	نادلة
barman (m)	bārman (m)	بارمان
carte (f)	qāʾimat aṭ ṭaʿām (f)	قائمة طعام
carte (f) des vins	qāʾimat al χumūr (f)	قائمة خمور
réserver une table	haʒaz māʾida	حجز مائدة
plat (m)	waʒba (f)	وجبة
commander (vt)	ṭalab	طلب
faire la commande	ṭalab	طلب
apéritif (m)	ʃarāb (m)	شراب
hors-d'œuvre (m)	muqabbilāt (pl)	مقبّلات
dessert (m)	halawiyyāt (pl)	حلويّات
addition (f)	hisāb (m)	حساب
régler l'addition	dafaʿ al hisāb	دفع الحساب
rendre la monnaie	aʿṭa al bāqi	أعطى الباقي
pourboire (m)	baqʃīʃ (m)	بقشيش

La famille. Les parents. Les amis

45. Les données personnelles. Les formulaires

prénom (m)	ism (m)	إسم
nom (m) de famille	ism al 'ā'ila (m)	إسم العائلة
date (f) de naissance	tarīx al mīlād (m)	تاريخ الميلاد
lieu (m) de naissance	makān al mīlād (m)	مكان الميلاد
nationalité (f)	ǧinsiyya (f)	جنسية
domicile (m)	maqarr al iqāma (m)	مقر الإقامة
pays (m)	balad (m)	بلد
profession (f)	mihna (f)	مهنة
sexe (m)	ǧins (m)	جنس
taille (f)	ṭūl (m)	طول
poids (m)	wazn (m)	وزن

46. La famille. Les liens de parenté

mère (f)	umm (f)	أمّ
père (m)	ab (m)	أب
fils (m)	ibn (m)	إبن
fille (f)	ibna (f)	إبنة
fille (f) cadette	al ibna aṣ ṣaɣīra (f)	الإبنة الصغيرة
fils (m) cadet	al ibn aṣ ṣaɣīr (m)	الابن الصغير
fille (f) aînée	al ibna al kabīra (f)	الإبنة الكبيرة
fils (m) aîné	al ibn al kabīr (m)	الإبن الكبير
frère (m)	ax (m)	أخ
frère (m) aîné	al ax al kabīr (m)	الأخ الكبير
frère (m) cadet	al ax aṣ ṣaɣīr (m)	الأخ الصغير
sœur (f)	uxt (f)	أخت
sœur (f) aînée	al uxt al kabīra (f)	الأخت الكبيرة
sœur (f) cadette	al uxt aṣ ṣaɣīra (f)	الأخت الصغيرة
cousin (m)	ibn 'amm (m), ibn xāl (m)	إبن عمّ, إبن خال
cousine (f)	ibnat 'amm (f), ibnat xāl (f)	إبنة عمّ, إبنة خال
maman (f)	mama (f)	ماما
papa (m)	baba (m)	بابا
parents (m pl)	wālidān (du)	والدان
enfant (m, f)	ṭifl (m)	طفل
enfants (pl)	aṭfāl (pl)	أطفال
grand-mère (f)	ǧidda (f)	جدّة
grand-père (m)	ǧadd (m)	جدّ
petit-fils (m)	ḥafīd (m)	حفيد

petite-fille (f)	ḥafīda (f)	حفيدة
petits-enfants (pl)	aḥfād (pl)	أحفاد
oncle (m)	'amm (m), χāl (m)	عمّ، خال
tante (f)	'amma (f), χāla (f)	عمّة، خالة
neveu (m)	ibn al aχ (m), ibn al uχt (m)	إبن الأخ، إبن الأخت
nièce (f)	ibnat al aχ (f), ibnat al uχt (f)	إبنة الأخ، إبنة الأخت
belle-mère (f)	ḥamātt (f)	حماة
beau-père (m)	ḥamm (m)	حم
gendre (m)	zawʒ al ibna (m)	زوج الأبنة
belle-mère (f)	zawʒat al ab (f)	زوجة الأب
beau-père (m)	zawʒ al umm (m)	زوج الأمّ
nourrisson (m)	ṭifl raḍī' (m)	طفل رضيع
bébé (m)	mawlūd (m)	مولود
petit (m)	walad ṣaɣīr (m)	ولد صغير
femme (f)	zawʒa (f)	زوجة
mari (m)	zawʒ (m)	زوج
époux (m)	zawʒ (m)	زوج
épouse (f)	zawʒa (f)	زوجة
marié (adj)	mutazawwiʒ	متزوّج
mariée (adj)	mutazawwiʒa	متزوّجة
célibataire (adj)	a'zab	أعزب
célibataire (m)	a'zab (m)	أعزب
divorcé (adj)	muṭallaq (m)	مطلّق
veuve (f)	armala (f)	أرملة
veuf (m)	armal (m)	أرمل
parent (m)	qarīb (m)	قريب
parent (m) proche	nasīb qarīb (m)	نسيب قريب
parent (m) éloigné	nasīb ba'īd (m)	نسيب بعيد
parents (m pl)	aqārib (pl)	أقارب
orphelin (m), orpheline (f)	yatīm (m)	يتيم
tuteur (m)	waliyy amr (m)	وليّ أمر
adopter (un garçon)	tabanna	تبنّى
adopter (une fille)	tabanna	تبنّى

La médecine

47. Les maladies

maladie (f)	maraḍ (m)	مرض
être malade	maraḍ	مرض
santé (f)	ṣiḥḥa (f)	صحّة

rhume (m) (coryza)	zukām (m)	زكام
angine (f)	iltihāb al lawzatayn (m)	التهاب اللوزتين
refroidissement (m)	bard (m)	برد
prendre froid	aṣābahu al bard	أصابه البرد

bronchite (f)	iltihāb al qaṣabāt (m)	إلتهاب القصبات
pneumonie (f)	iltihāb ar ri'atayn (m)	إلتهاب الرئتين
grippe (f)	inflūnza (f)	إنفلونزا

myope (adj)	qaṣīr an naẓar	قصير النظر
presbyte (adj)	ba'īd an naẓar	بعيد النظر
strabisme (m)	ḥawal (m)	حول
strabique (adj)	aḥwal	أحول
cataracte (f)	katarakt (f)	كاتاراكت
glaucome (m)	glawkūma (f)	جلوكوما

insulte (f)	sakta (f)	سكتة
crise (f) cardiaque	iḥtifā' (m)	إحتشاء
infarctus (m) de myocarde	nawba qalbiya (f)	نوبة قلبية
paralysie (f)	ʃalal (m)	شلل
paralyser (vt)	ʃall	شلّ

allergie (f)	ḥassāsiyya (f)	حسّاسيّة
asthme (m)	rabw (m)	ربو
diabète (m)	ad dā' as sukkariy (m)	الداء السكّريّ

mal (m) de dents	alam al asnān (m)	ألم الأسنان
carie (f)	naxar al asnān (m)	نخر الأسنان

diarrhée (f)	ishāl (m)	إسهال
constipation (f)	imsāk (m)	إمساك
estomac (m) barbouillé	'usr al haḍm (m)	عسر الهضم
intoxication (f) alimentaire	tasammum (m)	تسمّم
être intoxiqué	tasammam	تسمّم

arthrite (f)	iltihāb al mafāṣil (m)	إلتهاب المفاصل
rachitisme (m)	kusāḥ al aṭfāl (m)	كساح الأطفال
rhumatisme (m)	riumatizm (m)	روماتزم
athérosclérose (f)	taṣallub aʃ ʃarayīn (m)	تصلّب الشرايين
gastrite (f)	iltihāb al ma'ida (m)	إلتهاب المعدة
appendicite (f)	iltihāb az zā'ida ad dūdiyya (m)	إلتهاب الزائدة الدوديّة

cholécystite (f)	iltihāb al marāra (m)	إلتهاب المرارة
ulcère (m)	qurḥa (f)	قرحة
rougeole (f)	maraḍ al ḥaṣba (m)	مرض الحصبة
rubéole (f)	ḥaṣba almāniyya (f)	حصبة ألمانية
jaunisse (f)	yaraqān (m)	يرقان
hépatite (f)	iltihāb al kabd al vayrūsiy (m)	إلتهاب الكبد الفيروسيّ
schizophrénie (f)	ʃizufrīniya (f)	شيزوفرينيا
rage (f) (hydrophobie)	dā' al kalb (m)	داء الكلب
névrose (f)	'iṣāb (m)	عصاب
commotion (f) cérébrale	irtiʒāʒ al muχχ (m)	إرتجاج المخ
cancer (m)	saraṭān (m)	سرطان
sclérose (f)	taṣṣallub (m)	تصلّب
sclérose (f) en plaques	taṣṣallub muta'addid (m)	تصلّب متعدد
alcoolisme (m)	idmān al χamr (m)	إدمان الخمر
alcoolique (m)	mudmin al χamr (m)	مدمن الخمر
syphilis (f)	sifilis az zuhariy (m)	سفلس الزهري
SIDA (m)	al aydz (m)	الايدز
tumeur (f)	waram (m)	ورم
maligne (adj)	χabīθ	خبيث
bénigne (adj)	ḥamīd (m)	حميد
fièvre (f)	ḥumma (f)	حمّى
malaria (f)	malāriya (f)	ملاريا
gangrène (f)	ɣanɣrīna (f)	غنغرينا
mal (m) de mer	duwār al baḥr (m)	دوار البحر
épilepsie (f)	maraḍ aṣ ṣar' (m)	مرض الصرع
épidémie (f)	wabā' (m)	وباء
typhus (m)	tīfus (m)	تيفوس
tuberculose (f)	maraḍ as sull (m)	مرض السلّ
choléra (m)	kulīra (f)	كوليرا
peste (f)	ṭā'ūn (m)	طاعون

48. Les symptômes. Le traitement. Partie 1

symptôme (m)	'araḍ (m)	عرض
température (f)	ḥarāra (f)	حرارة
fièvre (f)	ḥumma (f)	حمّى
pouls (m)	nabḍ (m)	نبض
vertige (m)	dawχa (f)	دوخة
chaud (adj)	ḥārr	حارّ
frisson (m)	nafaḍān (m)	نفضان
pâle (adj)	aṣfar	أصفر
toux (f)	su'āl (m)	سعال
tousser (vi)	sa'al	سعل
éternuer (vi)	'aṭas	عطس
évanouissement (m)	iɣmā' (m)	إغماء

s'évanouir (vp)	ɣumiya ʻalayh	غمي عليه
bleu (m)	kadma (f)	كدمة
bosse (f)	tawarrum (m)	تورّم
se heurter (vp)	iṣṭadam	إصطدم
meurtrissure (f)	raḍḍ (m)	رضّ
se faire mal	taraḍḍaḍ	ترضّض
boiter (vi)	ʻaraʒ	عرج
foulure (f)	χalʻ (m)	خلع
se démettre (l'épaule, etc.)	χalaʻ	خلع
fracture (f)	kasr (m)	كسر
avoir une fracture	inkasar	إنكسر
coupure (f)	ʒurḥ (m)	جرح
se couper (~ le doigt)	ʒaraḥ nafsah	جرح نفسه
hémorragie (f)	nazf (m)	نزف
brûlure (f)	ḥarq (m)	حرق
se brûler (vp)	taʃayyat	تشيّط
se piquer (le doigt)	waχaz	وخز
se piquer (vp)	waχaz nafsah	وخز نفسه
blesser (vt)	aṣāb	أصاب
blessure (f)	iṣāba (f)	إصابة
plaie (f) (blessure)	ʒurḥ (m)	جرح
trauma (m)	ṣadma (f)	صدمة
délirer (vi)	haðā	هذى
bégayer (vi)	talaʻsam	تلعثم
insolation (f)	ḍarbat ʃams (f)	ضربة شمس

49. Les symptômes. Le traitement. Partie 2

douleur (f)	alam (m)	ألم
écharde (f)	ʃaẓiyya (f)	شظيّة
sueur (f)	ʻirq (m)	عرق
suer (vi)	ʻariq	عرق
vomissement (m)	taqayyuʻ (m)	تقيؤ
spasmes (m pl)	taʃannuʒāt (pl)	تشنّجات
enceinte (adj)	ḥāmil	حامل
naître (vi)	wulid	وُلد
accouchement (m)	wilāda (f)	ولادة
accoucher (vi)	walad	ولد
avortement (m)	iʒhāḍ (m)	إجهاض
respiration (f)	tanaffus (m)	تنفّس
inhalation (f)	istinʃāq (m)	إستنشاق
expiration (f)	zafīr (m)	زفير
expirer (vi)	zafar	زفر
inspirer (vi)	istanʃaq	إستنشق
invalide (m)	muʻāq (m)	معاق
handicapé (m)	muqʻad (m)	مقعد

drogué (m)	mudmin muxaddirāt (m)	مدمن مخدّرات
sourd (adj)	aṭraʃ	أطرش
muet (adj)	axras	أخرس
sourd-muet (adj)	aṭraʃ axras	أطرش أخرس
fou (adj)	maʒnūn (m)	مجنون
fou (m)	maʒnūn (m)	مجنون
folle (f)	maʒnūna (f)	مجنونة
devenir fou	ʒunn	جنّ
gène (m)	ʒīn (m)	جين
immunité (f)	manāʿa (f)	مناعة
héréditaire (adj)	wirāθiy	وراثيّ
congénital (adj)	xilqiy munð al wilāda	خلقيّ منذ الولادة
virus (m)	virūs (m)	فيروس
microbe (m)	mikrūb (m)	ميكروب
bactérie (f)	ʒurθūma (f)	جرثومة
infection (f)	ʿadwa (f)	عدوى

50. Les symptômes. Le traitement. Partie 3

hôpital (m)	mustaʃfa (m)	مستشفى
patient (m)	marīḍ (m)	مريض
diagnostic (m)	taʃxīṣ (m)	تشخيص
cure (f) (faire une ~)	ʿilāʒ (m)	علاج
traitement (m)	ʿilāʒ (m)	علاج
se faire soigner	taʿālaʒ	تعالج
traiter (un patient)	ʿālaʒ	عالج
soigner (un malade)	marraḍ	مرّض
soins (m pl)	ʿināya (f)	عناية
opération (f)	ʿamaliyya ʒaraḥiyya (f)	عمليّة جرحيّة
panser (vt)	ḍammad	ضمّد
pansement (m)	taḍmīd (m)	تضميد
vaccination (f)	talqīḥ (m)	تلقيح
vacciner (vt)	laqqaḥ	لقّح
piqûre (f)	ḥuqna (f)	حقنة
faire une piqûre	ḥaqan ibra	حقن إبرة
crise, attaque (f)	nawba (f)	نوبة
amputation (f)	batr (m)	بتر
amputer (vt)	batar	بتر
coma (m)	yaybūba (f)	غيبوبة
être dans le coma	kān fi ḥālat yaybūba	كان في حالة غيبوبة
réanimation (f)	al ʿināya al murakkaza (f)	العناية المركّزة
se rétablir (vp)	ʃufiy	شفي
état (m) (de santé)	ḥāla (f)	حالة
conscience (f)	waʿy (m)	وعي
mémoire (f)	ðākira (f)	ذاكرة
arracher (une dent)	xalaʿ	خلع

plombage (m)	ḥaʃw (m)	حشو
plomber (vt)	ḥaʃa	حشا
hypnose (f)	at tanwīm al maɣnaṭīsiy (m)	التنويم المغناطيسيّ
hypnotiser (vt)	nawwam	نوّم

51. Les médecins

médecin (m)	ṭabīb (m)	طبيب
infirmière (f)	mumarriḍa (f)	ممرّضة
médecin (m) personnel	duktūr ʃaxṣiy (m)	دكتور شخصيّ
dentiste (m)	ṭabīb al asnān (m)	طبيب الأسنان
ophtalmologiste (m)	ṭabīb al ʻuyūn (m)	طبيب العيون
généraliste (m)	ṭabīb bāṭiniy (m)	طبيب باطنيّ
chirurgien (m)	ʒarrāḥ (m)	جرّاح
psychiatre (m)	ṭabīb nafsiy (m)	طبيب نفسيّ
pédiatre (m)	ṭabīb al aṭfāl (m)	طبيب الأطفال
psychologue (m)	sikulūʒiy (m)	سيكولوجيّ
gynécologue (m)	ṭabīb an nisā' (m)	طبيب النساء
cardiologue (m)	ṭabīb al qalb (m)	طبيب القلب

52. Les médicaments. Les accessoires

médicament (m)	dawā' (m)	دواء
remède (m)	ʻilāʒ (m)	علاج
prescrire (vt)	waṣaf	وصف
ordonnance (f)	waṣfa (f)	وصفة
comprimé (m)	qurṣ (m)	قرص
onguent (m)	marham (m)	مرهم
ampoule (f)	ambūla (f)	أمبولة
mixture (f)	dawā' ʃarāb (m)	دواء شراب
sirop (m)	ʃarāb (m)	شراب
pilule (f)	ḥabba (f)	حبّة
poudre (f)	ðarūr (m)	ذرور
bande (f)	ḍammāda (f)	ضمادة
coton (m) (ouate)	quṭn (m)	قطن
iode (m)	yūd (m)	يود
sparadrap (m)	blāstir (m)	بلاستر
compte-gouttes (m)	māṣṣat al bastara (f)	ماصّة البسترة
thermomètre (m)	tirmūmitr (m)	ترمومتر
seringue (f)	miḥqana (f)	محقنة
fauteuil (m) roulant	kursiy mutaḥarrik (m)	كرسي متحرّك
béquilles (f pl)	ʻukkāzān (du)	عكّازان
anesthésique (m)	musakkin (m)	مسكّن
purgatif (m)	mulayyin (m)	ملیّن

alcool (m)	iθanūl (m)	إيثانول
herbe (f) médicinale	a'ʃāb ṭibbiyya (pl)	أعشاب طبية
d'herbes (adj)	'uʃbiy	عشبي

L'HABITAT HUMAIN

La ville

53. La ville. La vie urbaine

ville (f)	madīna (f)	مدينة
capitale (f)	ʿāṣima (f)	عاصمة
village (m)	qarya (f)	قرية
plan (m) de la ville	xarīṭat al madīna (f)	خريطة المدينة
centre-ville (m)	markaz al madīna (m)	مركز المدينة
banlieue (f)	ḍāḥiya (f)	ضاحية
de banlieue (adj)	aḍ ḍawāḥi	الضواحي
périphérie (f)	aṭrāf al madīna (pl)	أطراف المدينة
alentours (m pl)	ḍawāḥi al madīna (pl)	ضواحي المدينة
quartier (m)	ḥayy (m)	حي
quartier (m) résidentiel	ḥayy sakaniy (m)	حي سكني
trafic (m)	ḥarakat al murūr (f)	حركة المرور
feux (m pl) de circulation	iʃārāt al murūr (pl)	إشارات المرور
transport (m) urbain	wasāʾil an naql (pl)	وسائل النقل
carrefour (m)	taqāṭuʿ (m)	تقاطع
passage (m) piéton	maʿbar al muʃāt (m)	معبر المشاة
passage (m) souterrain	nafaq muʃāt (m)	نفق مشاة
traverser (vt)	ʿabar	عبر
piéton (m)	māʃi (m)	ماش
trottoir (m)	raṣīf (m)	رصيف
pont (m)	ʒisr (m)	جسر
quai (m)	kurnīʃ (m)	كورنيش
fontaine (f)	nāfūra (f)	نافورة
allée (f)	mamʃa (m)	ممشى
parc (m)	ḥadīqa (f)	حديقة
boulevard (m)	bulvār (m)	بولفار
place (f)	maydān (m)	ميدان
avenue (f)	ʃāriʿ (m)	شارع
rue (f)	ʃāriʿ (m)	شارع
ruelle (f)	zuqāq (m)	زقاق
impasse (f)	ṭarīq masdūd (m)	طريق مسدود
maison (f)	bayt (m)	بيت
édifice (m)	mabna (m)	مبنى
gratte-ciel (m)	nāṭiḥat saḥāb (f)	ناطحة سحاب
façade (f)	wāʒiha (f)	واجهة
toit (m)	saqf (m)	سقف

fenêtre (f)	ʃubbāk (m)	شبّاك
arc (m)	qaws (m)	قوس
colonne (f)	'amūd (m)	عمود
coin (m)	zāwiya (f)	زاوية
vitrine (f)	vatrīna (f)	فترينة
enseigne (f)	lāfita (f)	لافتة
affiche (f)	mulṣaq (m)	ملصق
affiche (f) publicitaire	mulṣaq i'lāniy (m)	ملصق إعلاني
panneau-réclame (m)	lawḥat i'lānāt (f)	لوحة إعلانات
ordures (f pl)	zubāla (f)	زبالة
poubelle (f)	ṣundūq zubāla (m)	صندوق زبالة
jeter à terre	rama zubāla	رمى زبالة
décharge (f)	mazbala (f)	مزبلة
cabine (f) téléphonique	kuʃk tilifūn (m)	كشك تليفون
réverbère (m)	'amūd al miṣbāḥ (m)	عمود المصباح
banc (m)	dikka (f), kursiy (m)	دكّة، كرسيّ
policier (m)	ʃurṭiy (m)	شرطيّ
police (f)	ʃurṭa (f)	شرطة
clochard (m)	ʃaḥḥāð (m)	شحّاذ
sans-abri (m)	mutaʃarrid (m)	متشرّد

54. Les institutions urbaines

magasin (m)	maḥall (m)	محلّ
pharmacie (f)	ṣaydaliyya (f)	صيدليّة
opticien (m)	al adawāt al baṣariyya (pl)	الأدوات البصريّة
centre (m) commercial	markaz tiʒāriy (m)	مركز تجاريّ
supermarché (m)	subirmarkit (m)	سوبرماركت
boulangerie (f)	maxbaz (m)	مخبز
boulanger (m)	xabbāz (m)	خبّاز
pâtisserie (f)	dukkān ḥalawāniy (m)	دكّان حلوانيّ
épicerie (f)	baqqāla (f)	بقّالة
boucherie (f)	malḥama (f)	ملحمة
magasin (m) de légumes	dukkān xuḍar (m)	دكّان خضار
marché (m)	sūq (f)	سوق
salon (m) de café	kafé (m), maqha (m)	كافيه، مقهى
restaurant (m)	maṭ'am (m)	مطعم
brasserie (f)	ḥāna (f)	حانة
pizzeria (f)	maṭ'am pizza (m)	مطعم بيتزا
salon (m) de coiffure	ṣālūn ḥilāqa (m)	صالون حلاقة
poste (f)	maktab al barīd (m)	مكتب البريد
pressing (m)	tanzīf ʒāff (m)	تنظيف جافّ
atelier (m) de photo	istūdiyu taṣwīr (m)	إستوديو تصوير
magasin (m) de chaussures	maḥall aḥðiya (m)	محلّ أحذية
librairie (f)	maḥall kutub (m)	محلّ كتب

magasin (m) d'articles de sport	maḥall riyāḍiy (m)	محلّ رياضيّ
atelier (m) de retouche	maḥall xiyāṭat malābis (m)	محلّ خياطة ملابس
location (f) de vêtements	maḥall ta'ʒīr malābis rasmiyya (m)	محلّ تأجير ملابس رسمية
location (f) de films	maḥal ta'ʒīr vidiyu (m)	محلّ تأجير فيديو
cirque (m)	sirk (m)	سيرك
zoo (m)	ḥadīqat al ḥayawān (f)	حديقة حيوان
cinéma (m)	sinima (f)	سينما
musée (m)	matḥaf (m)	متحف
bibliothèque (f)	maktaba (f)	مكتبة
théâtre (m)	masraḥ (m)	مسرح
opéra (m)	ubra (f)	أوبرا
boîte (f) de nuit	malha layliy (m)	ملهى ليليّ
casino (m)	kazinu (m)	كازينو
mosquée (f)	masʒid (m)	مسجد
synagogue (f)	kanīs maʻbad yahūdiy (m)	كنيس معبد يهوديّ
cathédrale (f)	katidrā'iyya (f)	كاتدرائيّة
temple (m)	maʻbad (m)	معبد
église (f)	kanīsa (f)	كنيسة
institut (m)	kulliyya (m)	كليّة
université (f)	ʒāmiʻa (f)	جامعة
école (f)	madrasa (f)	مدرسة
préfecture (f)	muqāṭaʻa (f)	مقاطعة
mairie (f)	baladiyya (f)	بلديّة
hôtel (m)	funduq (m)	فندق
banque (f)	bank (m)	بنك
ambassade (f)	safāra (f)	سفارة
agence (f) de voyages	ʃarikat siyāḥa (f)	شركة سياحة
bureau (m) d'information	maktab al istiʻlāmāt (m)	مكتب الإستعلامات
bureau (m) de change	ṣarrāfa (f)	صرّافة
métro (m)	mitru (m)	مترو
hôpital (m)	mustaʃfa (m)	مستشفى
station-service (f)	maḥaṭṭat banzīn (f)	محطة بنزين
parking (m)	mawqif as sayyārāt (m)	موقف السيّارات

55. Les enseignes. Les panneaux

enseigne (f)	lāfita (f)	لافتة
pancarte (f)	bayān (m)	بيان
poster (m)	mulṣaq iʻlāniy (m)	ملصق إعلانيّ
indicateur (m) de direction	ʻalāmat ittiʒāh (f)	علامة إتّجاه
flèche (f)	ʻalāmat iʃāra (f)	علامة إشارة
avertissement (m)	taḥðīr (m)	تحذير
panneau d'avertissement	lāfitat taḥðīr (f)	لافتة تحذير
avertir (vt)	ḥaððar	حذّر

jour (m) de repos	yawm 'uṭla (m)	يوم عطلة
horaire (m)	ʒadwal (m)	جدول
heures (f pl) d'ouverture	awqāt al 'amal (pl)	أوقات العمل
BIENVENUE!	ahlan wa sahlan!	أهلًا وسهلًا
ENTRÉE	duχūl	دخول
SORTIE	χurūʒ	خروج
POUSSER	idfa'	إدفع
TIRER	isḥab	إسحب
OUVERT	maftūḥ	مفتوح
FERMÉ	muɣlaq	مغلق
FEMMES	lis sayyidāt	للسيدات
HOMMES	lir riʒāl	للرجال
RABAIS	χaṣm	خصم
SOLDES	taχfīḍāt	تخفيضات
NOUVEAU!	ʒadīd!	جديد!
GRATUIT	maʒʒānan	مجّانًا
ATTENTION!	intibāh!	إنتباه!
COMPLET	kull al amākin maḥʒūza	كل الأماكن محجوزة
RÉSERVÉ	maḥʒūz	محجوز
ADMINISTRATION	idāra	إدارة
RÉSERVÉ AU PERSONNEL	lil 'āmilīn faqaṭ	للعاملين فقط
ATTENTION CHIEN MÉCHANT	iḥḏar wuʒūd al kalb	إحذر وجود الكلب
DÉFENSE DE FUMER	mamnū' at tadχīn	ممنوع التدخين
PRIÈRE DE NE PAS TOUCHER	'adam al lams	عدم اللمس
DANGEREUX	χaṭīr	خطير
DANGER	χaṭar	خطر
HAUTE TENSION	tayyār 'āli	تيّار عالي
BAIGNADE INTERDITE	as sibāḥa mamnū'a	السباحة ممنوعة
HORS SERVICE	mu'aṭṭal	معطّل
INFLAMMABLE	sarī' al iʃti'āl	سريع الإشتعال
INTERDIT	mamnū'	ممنوع
PASSAGE INTERDIT	mamnū' al murūr	ممنوع المرور
PEINTURE FRAÎCHE	iḥḏar ṭilā' ɣayr ʒāff	إحذر طلاء غير جاف

56. Les transports en commun

autobus (m)	bāṣ (m)	باص
tramway (m)	trām (m)	ترام
trolleybus (m)	truli bāṣ (m)	ترولي باص
itinéraire (m)	χaṭṭ (m)	خط
numéro (m)	raqm (m)	رقم
prendre ...	rakib ...	ركب...
monter (dans l'autobus)	rakib	ركب

descendre de …	nazil min	نزل من
arrêt (m)	mawqif (m)	موقف
arrêt (m) prochain	al maḥaṭṭa al qādima (f)	المحطة القادمة
terminus (m)	āxir maḥaṭṭa (f)	آخر محطة
horaire (m)	ʒadwal (m)	جدول
attendre (vt)	intaẓar	إنتظر
ticket (m)	taðkira (f)	تذكرة
prix (m) du ticket	uʒra (f)	أجرة
caissier (m)	ṣarrāf (m)	صرّاف
contrôle (m) des tickets	taftīʃ taðkira (m)	تفتيش تذكرة
contrôleur (m)	mufattiʃ taðākir (m)	مفتّش تذاكر
être en retard	ta'axxar	تأخّر
rater (~ le train)	ta'axxar	تأخّر
se dépêcher	ista'ʒal	إستعجل
taxi (m)	taksi (m)	تاكسي
chauffeur (m) de taxi	sā'iq taksi (m)	سائق تاكسي
en taxi	bit taksi	بالتاكسي
arrêt (m) de taxi	mawqif taksi (m)	موقف تاكسي
appeler un taxi	kallam tāksi	كلّم تاكسي
prendre un taxi	axað taksi	أخذ تاكسي
trafic (m)	ḥarakat al murūr (f)	حركة المرور
embouteillage (m)	zaḥmat al murūr (f)	زحمة المرور
heures (f pl) de pointe	sā'at að ðurwa (f)	ساعة الذروة
se garer (vp)	awqaf	أوقف
garer (vt)	awqaf	أوقف
parking (m)	mawqif as sayyārāt (m)	موقف السيارات
métro (m)	mitru (m)	مترو
station (f)	maḥaṭṭa (f)	محطّة
prendre le métro	rakib al mitru	ركب المترو
train (m)	qiṭār (m)	قطار
gare (f)	maḥaṭṭat qiṭār (f)	محطّة قطار

57. Le tourisme

monument (m)	timθāl (m)	تمثال
forteresse (f)	qal'a (f), ḥiṣn (m)	قلعة، حصن
palais (m)	qaṣr (m)	قصر
château (m)	qal'a (f)	قلعة
tour (f)	burʒ (m)	برج
mausolée (m)	ḍarīḥ (m)	ضريح
architecture (f)	handasa mi'māriyya (f)	هندسة معماريّة
médiéval (adj)	min al qurūn al wusṭa	من القرون الوسطى
ancien (adj)	qadīm	قديم
national (adj)	waṭaniy	وطني
connu (adj)	maʃhūr	مشهور
touriste (m)	sā'iḥ (m)	سائح
guide (m) (personne)	murʃid (m)	مرشد

excursion (f)	ӡawla (f)	جولة
montrer (vt)	ʿaraḍ	عرض
raconter (une histoire)	ḥaddaθ	حدّث
trouver (vt)	waӡad	وجد
se perdre (vp)	ḍāʿ	ضاع
plan (m) (du metro, etc.)	xarīṭa (f)	خريطة
carte (f) (de la ville, etc.)	xarīṭa (f)	خريطة
souvenir (m)	tiðkār (m)	تذكار
boutique (f) de souvenirs	maḥall hadāya (m)	محلّ هدايا
prendre en photo	ṣawwar	صوّر
se faire prendre en photo	taṣawwar	تصوّر

58. Le shopping

acheter (vt)	iʃtara	إشترى
achat (m)	ʃayʾ (m)	شيء
faire des achats	iʃtara	إشترى
shopping (m)	ʃubinɣ (m)	شوبينغ
être ouvert	maftūḥ	مفتوح
être fermé	muɣlaq	مغلق
chaussures (f pl)	aḥðiya (pl)	أحذية
vêtement (m)	malābis (pl)	ملابس
produits (m pl) de beauté	mawādd at taӡmīl (pl)	موادّ التجميل
produits (m pl) alimentaires	maʾkūlāt (pl)	مأكولات
cadeau (m)	hadiyya (f)	هديّة
vendeur (m)	bāʾiʿ (m)	بائع
vendeuse (f)	bāʾiʿa (f)	بائعة
caisse (f)	ṣundūʾ ad dafʿ (m)	صندوق الدفع
miroir (m)	mirʾāt (f)	مرآة
comptoir (m)	minḍada (f)	منضدة
cabine (f) d'essayage	ɣurfat al qiyās (f)	غرفة القياس
essayer (robe, etc.)	ӡarrab	جرّب
aller bien (robe, etc.)	nāsab	ناسب
plaire (être apprécié)	aʿӡab	أعجب
prix (m)	siʿr (m)	سعر
étiquette (f) de prix	tikit as siʿr (m)	تيكت السعر
coûter (vt)	kallaf	كلّف
Combien?	bikam?	بكم؟
rabais (m)	xaṣm (m)	خصم
pas cher (adj)	ɣayr ɣāli	غير غال
bon marché (adj)	raxīṣ	رخيص
cher (adj)	ɣāli	غال
C'est cher	haða ɣāli	هذا غال
location (f)	istiʾӡār (m)	إستئجار
louer (une voiture, etc.)	istaʾӡar	إستأجر

crédit (m)	i'timān (m)	إئتمان
à crédit (adv)	bid dayn	بالدين

59. L'argent

argent (m)	nuqūd (pl)	نقود
échange (m)	taḥwīl ʻumla (m)	تحويل عملة
cours (m) de change	siʻr aṣ ṣarf (m)	سعر الصرف
distributeur (m)	ṣarrāf 'āliy (m)	صرّاف آليّ
monnaie (f)	qiṭʻa naqdiyya (f)	قطعة نقديّة
dollar (m)	dulār (m)	دولار
euro (m)	yuru (m)	يورو
lire (f)	lira iṭāliyya (f)	ليرة إيطالية
mark (m) allemand	mark almāniy (m)	مارك ألماني
franc (m)	frank (m)	فرنك
livre sterling (f)	ʒunayh istirlīniy (m)	جنيه استرلينيّ
yen (m)	yīn (m)	ين
dette (f)	dayn (m)	دين
débiteur (m)	mudīn (m)	مدين
prêter (vt)	sallaf	سلّف
emprunter (vt)	istalaf	إستلف
banque (f)	bank (m)	بنك
compte (m)	ḥisāb (m)	حساب
verser (dans le compte)	awdaʻ	أودع
verser dans le compte	awdaʻ fil ḥisāb	أودع في الحساب
retirer du compte	saḥab min al ḥisāb	سحب من الحساب
carte (f) de crédit	biṭāqat i'timān (f)	بطاقة إئتمان
espèces (f pl)	nuqūd (pl)	نقود
chèque (m)	ʃīk (m)	شيك
faire un chèque	katab ʃīk	كتب شيكًا
chéquier (m)	daftar ʃīkāt (m)	دفتر شيكات
portefeuille (m)	maḥfaẓat ʒīb (f)	محفظة جيب
bourse (f)	maḥfaẓat fakka (f)	محفظة فكّة
coffre fort (m)	xizāna (f)	خزانة
héritier (m)	wāris (m)	وارث
héritage (m)	wirāθa (f)	وراثة
fortune (f)	θarwa (f)	ثروة
location (f)	'īʒār (m)	إيجار
loyer (m) (argent)	uʒrat as sakan (f)	أجرة السكن
louer (prendre en location)	istaʾʒar	إستأجر
prix (m)	siʻr (m)	سعر
coût (m)	θaman (m)	ثمن
somme (f)	mablaɣ (m)	مبلغ
dépenser (vt)	ṣaraf	صرف
dépenses (f pl)	maṣārīf (pl)	مصاريف

économiser (vt)	waffar	وفّر
économe (adj)	muwaffir	موفّر
payer (régler)	dafaʿ	دفع
paiement (m)	dafʿ (m)	دفع
monnaie (f) (rendre la ~)	al bāqi (m)	الباقي
impôt (m)	ḍarība (f)	ضريبة
amende (f)	ɣarāma (f)	غرامة
mettre une amende	faraḍ ɣarāma	فرض غرامة

60. La poste. Les services postaux

poste (f)	maktab al barīd (m)	مكتب البريد
courrier (m) (lettres, etc.)	al barīd (m)	البريد
facteur (m)	sāʿi al barīd (m)	ساعي البريد
heures (f pl) d'ouverture	awqāt al ʿamal (pl)	أوقات العمل
lettre (f)	risāla (f)	رسالة
recommandé (m)	risāla musaʒʒala (f)	رسالة مسجّلة
carte (f) postale	biṭāqa barīdiyya (f)	بطاقة بريديّة
télégramme (m)	barqiyya (f)	برقيّة
colis (m)	ṭard (m)	طرد
mandat (m) postal	ḥawāla māliyya (f)	حوالة ماليّة
recevoir (vt)	istalam	إستلم
envoyer (vt)	arsal	أرسل
envoi (m)	irsāl (m)	إرسال
adresse (f)	ʿunwān (m)	عنوان
code (m) postal	raqm al barīd (m)	رقم البريد
expéditeur (m)	mursil (m)	مرسل
destinataire (m)	mursal ilayh (m)	مرسل إليه
prénom (m)	ism (m)	إسم
nom (m) de famille	ism al ʿāʾila (m)	إسم العائلة
tarif (m)	taʿrīfa (f)	تعريفة
normal (adj)	ʿādiy	عاديَ
économique (adj)	muwaffir	موفّر
poids (m)	wazn (m)	وزن
peser (~ les lettres)	wazan	وزن
enveloppe (f)	ẓarf (m)	ظرف
timbre (m)	ṭābiʿ (m)	طابع
timbrer (vt)	alṣaq ṭābiʿ	ألصق طابعا

Le logement. La maison. Le foyer

61. La maison. L'électricité

électricité (f)	kahrabā' (m)	كهرباء
ampoule (f)	lamba (f)	لمبة
interrupteur (m)	miftāḥ (m)	مفتاح
plomb, fusible (m)	fāṣima (f)	فاصمة
fil (m) (~ électrique)	silk (m)	سلك
installation (f) électrique	aslāk (pl)	أسلاك
compteur (m) électrique	ʻaddād (m)	عدّاد
relevé (m)	qirā'a (f)	قراءة

62. La villa et le manoir

maison (f) de campagne	bayt rīfiy (m)	بيت ريفيّ
villa (f)	villa (f)	فيلا
aile (f) (~ ouest)	ʒanāḥ (m)	جناح
jardin (m)	ḥadīqa (f)	حديقة
parc (m)	ḥadīqa (f)	حديقة
serre (f) tropicale	daffi'a (f)	دفيئة
s'occuper (~ du jardin)	ihtamm	إهتمّ
piscine (f)	masbaḥ (m)	مسبح
salle (f) de gym	qāʻat at tamrīnāt (f)	قاعة التمرينات
court (m) de tennis	malʻab tinis (m)	ملعب تنس
salle (f) de cinéma	sinima manziliyya (f)	سينما منزليّة
garage (m)	qarāʒ (m)	جراج
propriété (f) privée	milkiyya xāṣṣa (f)	ملكيّة خاصّة
terrain (m) privé	arḍ xāṣṣa (m)	أرض خاصّة
avertissement (m)	taḥðīr (m)	تحذير
panneau d'avertissement	lāfitat taḥðīr (f)	لافتة تحذير
sécurité (f)	ḥirāsa (f)	حراسة
agent (m) de sécurité	ḥāris amn (m)	حارس أمن
alarme (f) antivol	ʒihāð inðār (m)	جهاز انذار

63. L'appartement

appartement (m)	ʃaqqa (f)	شقّة
chambre (f)	ɣurfa (f)	غرفة
chambre (f) à coucher	ɣurfat an nawm (f)	غرفة النوم

salle (f) à manger	ɣurfat il akl (f)	غرفة الأكل
salon (m)	ṣālat al istiqbāl (f)	صالة الإستقبال
bureau (m)	maktab (m)	مكتب
antichambre (f)	madχal (m)	مدخل
salle (f) de bains	ḥammām (m)	حمّام
toilettes (f pl)	ḥammām (m)	حمّام
plafond (m)	saqf (m)	سقف
plancher (m)	arḍ (f)	أرض
coin (m)	zāwiya (f)	زاوية

64. Les meubles. L'intérieur

meubles (m pl)	aθāθ (m)	أثاث
table (f)	maktab (m)	مكتب
chaise (f)	kursiy (m)	كرسيّ
lit (m)	sarīr (m)	سرير
canapé (m)	kanaba (f)	كنبة
fauteuil (m)	kursiy (m)	كرسيّ
bibliothèque (f) (meuble)	χizānat kutub (f)	خزانة كتب
rayon (m)	raff (m)	رفّ
armoire (f)	dūlāb (m)	دولاب
patère (f)	ʃammāʻa (f)	شمّاعة
portemanteau (m)	ʃammāʻa (f)	شمّاعة
commode (f)	dulāb adrāʒ (m)	دولاب أدراج
table (f) basse	ṭāwilat al qahwa (f)	طاولة القهوة
miroir (m)	mirʾāt (f)	مرآة
tapis (m)	siʒāda (f)	سجادة
petit tapis (m)	siʒāda (f)	سجادة
cheminée (f)	midfaʾa ḥāʾiṭiyya (f)	مدفأة حائطيّة
bougie (f)	ʃamʻa (f)	شمعة
chandelier (m)	ʃamʻadān (m)	شمعدان
rideaux (m pl)	satāʾir (pl)	ستائر
papier (m) peint	waraq ḥīṭān (m)	ورق حيطان
jalousie (f)	haṣīrat ʃubbāk (f)	حصيرة شبّاك
lampe (f) de table	miṣbāḥ aṭ ṭāwila (m)	مصباح الطاولة
applique (f)	miṣbāḥ al ḥāʾiṭ (m)	مصباح الحائط
lampadaire (m)	miṣbāḥ arḍiy (m)	مصباح أرضيّ
lustre (m)	naʒafa (f)	نجفة
pied (m) (~ de la table)	riʒl (f)	رجل
accoudoir (m)	masnad (m)	مسند
dossier (m)	masnad (m)	مسند
tiroir (m)	durʒ (m)	درج

65. La literie

linge (m) de lit	bayāḍāt as sarīr (pl)	بياضات السرير
oreiller (m)	wisāda (f)	وسادة
taie (f) d'oreiller	kīs al wisāda (m)	كيس الوسادة
couverture (f)	baṭṭāniyya (f)	بطّانيّة
drap (m)	milāya (f)	ملاية
couvre-lit (m)	ɣiṭā' as sarīr (m)	غطاء السرير

66. La cuisine

cuisine (f)	maṭbax (m)	مطبخ
gaz (m)	ɣāz (m)	غاز
cuisinière (f) à gaz	butuɣāz (m)	بوتوغاز
cuisinière (f) électrique	furn kaharabā'iy (m)	فرن كهربائيّ
four (m)	furn (m)	فرن
four (m) micro-ondes	furn al mikruwayv (m)	فرن الميكروويف
réfrigérateur (m)	θallāʒa (f)	ثلاجة
congélateur (m)	frīzir (m)	فريزير
lave-vaisselle (m)	ɣassāla (f)	غسّالة
hachoir (m) à viande	farrāmat laḥm (f)	فرّامة لحم
centrifugeuse (f)	'aṣṣāra (f)	عصّارة
grille-pain (m)	maḥmaṣat xubz (f)	محمصة خبز
batteur (m)	xallāṭ (m)	خلاط
machine (f) à café	mākinat ṣan' al qahwa (f)	ماكينة صنع القهوة
cafetière (f)	kanaka (f)	كنكة
moulin (m) à café	maṭḥanat qahwa (f)	مطحنة قهوة
bouilloire (f)	barrād (m)	برّاد
théière (f)	barrād aʃ ʃāy (m)	برّاد الشاي
couvercle (m)	ɣiṭā' (m)	غطاء
passoire (f) à thé	miṣfāt (f)	مصفاة
cuillère (f)	mil'aqa (f)	ملعقة
petite cuillère (f)	mil'aqat ʃāy (f)	ملعقة شاي
cuillère (f) à soupe	mil'aqa kabīra (f)	ملعقة كبيرة
fourchette (f)	ʃawka (f)	شوكة
couteau (m)	sikkīn (m)	سكّين
vaisselle (f)	ṣuḥūn (pl)	صحون
assiette (f)	ṭabaq (m)	طبق
soucoupe (f)	ṭabaq finʒān (m)	طبق فنجان
verre (m) à shot	ka's (f)	كأس
verre (m) (~ d'eau)	kubbāya (f)	كبّاية
tasse (f)	finʒān (m)	فنجان
sucrier (m)	sukkariyya (f)	سكّريّة
salière (f)	mamlaḥa (f)	مملحة
poivrière (f)	mabhara (f)	مبهرة

beurrier (m)	ṣuḥn zubda (m)	صحن زبدة
casserole (f)	kassirūlla (f)	كاسرولة
poêle (f)	ṭāsa (f)	طاسة
louche (f)	miɣrafa (f)	مغرفة
passoire (f)	miṣfāt (f)	مصفاة
plateau (m)	ṣīniyya (f)	صينية
bouteille (f)	zuʒāʒa (f)	زجاجة
bocal (m) (à conserves)	barṭamān (m)	برطمان
boîte (f) en fer-blanc	tanaka (f)	تنكة
ouvre-bouteille (m)	fattāḥa (f)	فتّاحة
ouvre-boîte (m)	fattāḥa (f)	فتّاحة
tire-bouchon (m)	barrīma (f)	بريّمة
filtre (m)	filtir (m)	فلتر
filtrer (vt)	ṣaffa	صفّى
ordures (f pl)	zubāla (f)	زبالة
poubelle (f)	ṣundūq az zubāla (m)	صندوق الزبالة

67. La salle de bains

salle (f) de bains	ḥammām (m)	حمّام
eau (f)	mā' (m)	ماء
robinet (m)	ḥanafiyya (f)	حنفيّة
eau (f) chaude	mā' sāxin (m)	ماء ساخن
eau (f) froide	mā' bārid (m)	ماء بارد
dentifrice (m)	ma'ʒūn asnān (m)	معجون أسنان
se brosser les dents	naẓẓaf al asnān	نظّف الأسنان
brosse (f) à dents	furʃat asnān (f)	فرشة أسنان
se raser (vp)	ḥalaq	حلق
mousse (f) à raser	raɣwa lil ḥilāqa (f)	رغوة للحلاقة
rasoir (m)	mūs ḥilāqa (m)	موس حلاقة
laver (vt)	ɣasal	غسل
se laver (vp)	istaḥamm	إستحمّ
douche (f)	dūʃ (m)	دوش
prendre une douche	axað ad duʃ	أخذ الدش
baignoire (f)	ḥawḍ istiḥmām (m)	حوض استحمام
cuvette (f)	mirḥāḍ (m)	مرحاض
lavabo (m)	ḥawḍ (m)	حوض
savon (m)	ṣābūn (m)	صابون
porte-savon (m)	ṣabbāna (f)	صبّانة
éponge (f)	līfa (f)	ليفة
shampooing (m)	ʃāmbū (m)	شامبو
serviette (f)	fūṭa (f)	فوطة
peignoir (m) de bain	θawb ḥammām (m)	ثوب حمّام
lessive (f) (faire la ~)	ɣasīl (m)	غسيل
machine (f) à laver	ɣassāla (f)	غسّالة

faire la lessive	ɣasal al malābis	غسل الملابس
lessive (f) (poudre)	mashūq ɣasīl (m)	مسحوق غسيل

68. Les appareils électroménagers

téléviseur (m)	tilivizyūn (m)	تليفزيون
magnétophone (m)	ʒihāz tasʒīl (m)	جهاز تسجيل
magnétoscope (m)	ʒihāz tasʒīl vidiyu (m)	جهاز تسجيل فيديو
radio (f)	ʒihāz radiyu (m)	جهاز راديو
lecteur (m)	blayir (m)	بلبير
vidéoprojecteur (m)	ʿāriḍ vidiyu (m)	عارض فيديو
home cinéma (m)	sinima manziliyya (f)	سينما منزليّة
lecteur DVD (m)	di vi di (m)	دي في دي
amplificateur (m)	mukabbir aṣ ṣawt (m)	مكبّر الصوت
console (f) de jeux	ʾatāri (m)	أتاري
caméscope (m)	kamira vidiyu (f)	كاميرا فيديو
appareil (m) photo	kamira (f)	كاميرا
appareil (m) photo numérique	kamira diʒital (f)	كاميرا ديجيتال
aspirateur (m)	miknasa kahrabāʾiyya (f)	مكنسة كهربائيّة
fer (m) à repasser	makwāt (f)	مكواة
planche (f) à repasser	lawḥat kayy (f)	لوحة كيّ
téléphone (m)	hātif (m)	هاتف
portable (m)	hātif maḥmūl (m)	هاتف محمول
machine (f) à écrire	ʾāla katiba (f)	آلة كاتبة
machine (f) à coudre	ʾālat al ḵiyāṭa (f)	آلة الخياطة
micro (m)	mikrufūn (m)	ميكروفون
écouteurs (m pl)	sammāʿāt raʾsiya (pl)	سمّاعات رأسيّة
télécommande (f)	rimuwt kuntrūl (m)	ريموت كنترول
CD (m)	si di (m)	سي دي
cassette (f)	ʃarīṭ (m)	شريط
disque (m) (vinyle)	usṭuwāna (f)	أسطوانة

LES ACTIVITÉS HUMAINS

Le travail. Les affaires. Partie 1

69. Le bureau. La vie de bureau

bureau (m) (établissement)	maktab (m)	مكتب
bureau (m) (au travail)	maktab (m)	مكتب
accueil (m)	istiqbāl (m)	إستقبال
secrétaire (m)	sikirtīr (m)	سكرتير
directeur (m)	mudīr (m)	مدير
manager (m)	mudīr (m)	مدير
comptable (m)	muḥāsib (m)	محاسب
collaborateur (m)	muwaẓẓaf (m)	موظف
meubles (m pl)	aθāθ (m)	أثاث
bureau (m)	maktab (m)	مكتب
fauteuil (m)	kursiy (m)	كرسي
classeur (m) à tiroirs	waḥdat adrāʒ (f)	وحدة أدراج
portemanteau (m)	ʃammāʻa (f)	شمّاعة
ordinateur (m)	kumbyūtir (m)	كمبيوتر
imprimante (f)	ṭābiʻa (f)	طابعة
fax (m)	faks (m)	فاكس
copieuse (f)	ʼālat nasχ (f)	آلة نسخ
papier (m)	waraq (m)	ورق
papeterie (f)	adawāt al kitāba (pl)	أدوات الكتابة
tapis (m) de souris	wisādat faʼra (f)	وسادة فأرة
feuille (f)	waraqa (f)	ورقة
classeur (m)	malaff (m)	ملفّ
catalogue (m)	fihris (m)	فهرس
annuaire (m)	dalīl at tilifūn (m)	دليل التليفون
documents (m pl)	waθāʼiq (pl)	وثائق
brochure (f)	naʃra (f)	نشرة
prospectus (m)	manʃūr (m)	منشور
échantillon (m)	namūðaʒ (m)	نموذج
formation (f)	iʒtimāʻ tadrīb (m)	إجتماع تدريب
réunion (f)	iʒtimāʻ (m)	إجتماع
pause (f) déjeuner	fatrat al ɣadāʼ (f)	فترة الغذاء
faire une copie	ṣawwar	صوّر
faire des copies	ṣawwar	صوّر
recevoir un fax	istalam faks	إستلم فاكس
envoyer un fax	arsal faks	أرسل فاكس
téléphoner, appeler	ittaṣal	إتّصل

répondre (vi, vt)	radd	رَدّ
passer (au téléphone)	waṣṣal	وصَّل
fixer (rendez-vous)	ḥaddad	حدّد
montrer (un échantillon)	ʿaraḍ	عرض
être absent	ɣāb	غاب
absence (f)	ɣiyāb (m)	غياب

70. Les processus d'affaires. Partie 1

métier (m)	ʃuɣl (m)	شغل
firme (f), société (f)	ʃarika (f)	شركة
compagnie (f)	ʃarika (f)	شركة
corporation (f)	muʾassasa tiʒāriyya (f)	مؤسسة تجارية
entreprise (f)	ʃarika (f)	شركة
agence (f)	wikāla (f)	وكالة
accord (m)	ittifāqiyya (f)	إتفاقيّة
contrat (m)	ʿaqd (m)	عقد
marché (m) (accord)	ṣafqa (f)	صفقة
commande (f)	ṭalab (m)	طلب
terme (m) (~ du contrat)	ʃarṭ (m)	شرط
en gros (adv)	bil ʒumla	بالجملة
en gros (adj)	al ʒumla	الجملة
vente (f) en gros	bayʿ bil ʒumla (m)	بيع بالجملة
au détail (adj)	at taʒziʾa	التجزئة
vente (f) au détail	bayʿ bit taʒziʾa (m)	بيع بالتجزئة
concurrent (m)	munāfis (m)	منافس
concurrence (f)	munāfasa (f)	منافسة
concurrencer (vt)	nāfas	نافس
associé (m)	ʃarīk (m)	شريك
partenariat (m)	ʃirāka (f)	شراكة
crise (f)	azma (f)	أزمة
faillite (f)	iflās (m)	إفلاس
faire faillite	aflas	أفلس
difficulté (f)	ṣuʿūba (f)	صعوبة
problème (m)	muʃkila (f)	مشكلة
catastrophe (f)	kāriθa (f)	كارثة
économie (f)	iqtiṣād (m)	إقتصاد
économique (adj)	iqtiṣādiy	إقتصاديّ
baisse (f) économique	rukūd iqtiṣādiy (m)	ركود إقتصاديّ
but (m)	hadaf (m)	هدف
objectif (m)	muhimma (f)	مهمّة
faire du commerce	tāʒir	تاجر
réseau (m) (de distribution)	ʃabaka (f)	شبكة
inventaire (m) (stocks)	al maxzūn (m)	المخزون
assortiment (m)	taʃkīla (f)	تشكيلة

leader (m)	qā'id (m)	قائد
grande (~ entreprise)	kabīr	كبير
monopole (m)	iḥtikār (m)	إحتكار
théorie (f)	naẓariyya (f)	نظريّة
pratique (f)	mumārasa (f)	ممارسة
expérience (f)	xibra (f)	خبرة
tendance (f)	ittiʒāh (m)	إتّجاه
développement (m)	tanmiya (f)	تنمية

71. Les processus d'affaires. Partie 2

rentabilité (m)	ribḥ (m)	ربح
rentable (adj)	murbiḥ	مربح
délégation (f)	wafd (m)	وفد
salaire (m)	murattab (m)	مرتّب
corriger (une erreur)	ṣaḥḥaḥ	صحّح
voyage (m) d'affaires	riḥlat ʿamal (f)	رحلة عمل
commission (f)	laʒna (f)	لجنة
contrôler (vt)	taḥakkam	تحكّم
conférence (f)	mu'tamar (m)	مؤتمر
licence (f)	ruxṣa (f)	رخصة
fiable (partenaire ~)	mawθūq	موثوق
initiative (f)	mubādara (f)	مبادرة
norme (f)	miʿyār (m)	معيار
circonstance (f)	ẓarf (m)	ظرف
fonction (f)	wāʒib (m)	واجب
entreprise (f)	munaẓẓama (f)	منظّمة
organisation (f)	tanẓīm (m)	تنظيم
organisé (adj)	munaẓẓam	منظّم
annulation (f)	ilɣā' (m)	إلغاء
annuler (vt)	alɣa	ألغى
rapport (m)	taqrīr (m)	تقرير
brevet (m)	bara'at al ixtirāʿ (f)	براءة الإختراع
breveter (vt)	saʒʒal barā'at al ixtirāʿ	سجّل براءة الإختراع
planifier (vt)	xaṭṭaṭ	خطّط
prime (f)	ʿilāwa (f)	علاوة
professionnel (adj)	mihaniy	مهنيّ
procédure (f)	iʒrā' (m)	إجراء
examiner (vt)	baḥaθ	بحث
calcul (m)	ḥisāb (m)	حساب
réputation (f)	sumʿa (f)	سمعة
risque (m)	muxāṭara (f)	مخاطرة
diriger (~ une usine)	adār	أدار
renseignements (m pl)	maʿlūmāt (pl)	معلومات
propriété (f)	milkiyya (f)	ملكيّة

union (f)	ittiḥād (m)	إتّحاد
assurance vie (f)	ta'mīn 'alal ḥayāt (m)	تأمين على الحياة
assurer (vt)	amman	أمّن
assurance (f)	ta'mīn (m)	تأمين
enchères (f pl)	mazād (m)	مزاد
notifier (informer)	ablaɣ	أبلغ
gestion (f)	idāra (f)	إدارة
service (m)	χidma (f)	خدمة
forum (m)	nadwa (f)	ندوة
fonctionner (vi)	adda wazīfa	أدّى وظيفته
étape (f)	marḥala (f)	مرحلة
juridique (services ~s)	qānūniy	قانونيّ
juriste (m)	muḥāmi (m)	محام

72. L'usine. La production

usine (f)	maṣna' (m)	مصنع
fabrique (f)	maṣna' (m)	مصنع
atelier (m)	warʃa (f)	ورشة
site (m) de production	maṣna' (m)	مصنع
industrie (f)	ṣinā'a (f)	صناعة
industriel (adj)	ṣinā'iy	صناعيّ
industrie (f) lourde	ṣinā'a θaqīla (f)	صناعة ثقيلة
industrie (f) légère	ṣinā'a χafīfa (f)	صناعة خفيفة
produit (m)	muntaʒāt (pl)	منتجات
produire (vt)	antaʒ	أنتج
matières (f pl) premières	mawādd χām (pl)	موادّ خام
chef (m) d'équipe	ra'īs al 'ummāl (m)	رئيس العمّال
équipe (f) d'ouvriers	farīq al 'ummāl (m)	فريق العمّال
ouvrier (m)	'āmil (m)	عامل
jour (m) ouvrable	yawm 'amal (m)	يوم عمل
pause (f) (repos)	rāḥa (f)	راحة
réunion (f)	iʒtimā' (m)	إجتماع
discuter (vt)	nāqaʃ	ناقش
plan (m)	χiṭṭa (f)	خطّة
accomplir le plan	naffað al χuṭṭa	نفّذ الخطّة
norme (f) de production	mu'addal al intāʒ (m)	معدّل الإنتاج
qualité (f)	ʒawda (f)	جودة
contrôle (m)	taftīʃ (m)	تفتيش
contrôle (m) qualité	ḍabṭ al ʒawda (m)	ضبط الجودة
sécurité (f) de travail	salāmat makān al 'amal (f)	سلامة مكان العمل
discipline (f)	inḍibāṭ (m)	إنضباط
infraction (f)	muχālafa (f)	مخالفة
violer (les règles)	χālaf	خالف
grève (f)	iḍrāb (m)	إضراب
gréviste (m)	muḍrib (m)	مضرب

faire grève	aḍrab	أضرب
syndicat (m)	ittiḥād al 'ummāl (m)	إتّحاد العمّال
inventer (machine, etc.)	ixtara'	إختَرع
invention (f)	ixtirā' (m)	إختِراع
recherche (f)	baḥθ (m)	بحث
améliorer (vt)	ḥassan	حسّن
technologie (f)	tiknulūǰiya (f)	تكنولوجيا
dessin (m) technique	rasm taqniy (m)	رسم تقني
charge (f) (~ de 3 tonnes)	ʃaḥn (m)	شحن
chargeur (m)	ḥammāl (m)	حمّال
charger (véhicule, etc.)	ʃaḥan	شحن
chargement (m)	taḥmīl (m)	تحميل
décharger (vt)	afraɣ	أفرغ
déchargement (m)	ifrāɣ (m)	إفراغ
transport (m)	wasā'il an naql (pl)	وسائل النقل
compagnie (f) de transport	ʃarikat naql (f)	شركة نقل
transporter (vt)	naqal	نقل
wagon (m) de marchandise	'arabat ʃaḥn (f)	عربة شحن
citerne (f)	xazzān (m)	خزّان
camion (m)	ʃāḥina (f)	شاحنة
machine-outil (f)	mākina (f)	ماكِنة
mécanisme (m)	'āliyya (f)	آليّة
déchets (m pl)	muxallafāt ṣinā'iyya (pl)	مخلّفات صناعية
emballage (m)	ta'bi'a (f)	تعبئة
emballer (vt)	'abba'	عبّأ

73. Le contrat. L'accord

contrat (m)	'aqd (m)	عقد
accord (m)	ittifāq (m)	إتّفاق
annexe (f)	mulḥaq (m)	ملحق
signer un contrat	waqqa' 'ala 'aqd	وقّع على عقد
signature (f)	tawqī' (m)	توقيع
signer (vt)	waqqa'	وقّع
cachet (m)	xatm (m)	ختم
objet (m) du contrat	mawḍū' al 'aqd (m)	موضوع العقد
clause (f)	band (m)	بند
côtés (m pl)	aṭrāf (pl)	أطراف
adresse (f) légale	'unwān qānūniy (m)	عنوان قانوني
violer l'accord	xālaf al 'aqd	خالف العقد
obligation (f)	iltizām (m)	إلتزام
responsabilité (f)	mas'ūliyya (f)	مسؤوليّة
force (f) majeure	quwwa qāhira (m)	قوّة قاهرة
litige (m)	xilāf (m)	خلاف
pénalités (f pl)	'uqūbāt (pl)	عقوبات

74. L'importation. L'exportation

importation (f)	istīrād (m)	إستيراد
importateur (m)	mustawrid (m)	مستورد
importer (vt)	istawrad	إستورد
d'importation	wārid	وارد
exportation (f)	taṣdīr (m)	تصدير
exportateur (m)	muṣaddir (m)	مصدّر
exporter (vt)	ṣaddar	صدّر
d'exportation (adj)	ṣādir	صادر
marchandise (f)	baḍā'i' (pl)	بضائع
lot (m) de marchandises	ʃaḥna (f)	شحنة
poids (m)	wazn (m)	وزن
volume (m)	ḥaʒm (m)	حجم
mètre (m) cube	mitr muka"ab (m)	متر مكعّب
producteur (m)	aʃʃarika al muṣniʿa (f)	الشركة المصنعة
compagnie (f) de transport	ʃarikat naql (f)	شركة نقل
container (m)	ḥāwiya (f)	حاوية
frontière (f)	ḥadd (m)	حدّ
douane (f)	ʒamārik (pl)	جمارك
droit (m) de douane	rasm ʒumrukiy (m)	رسم جمركيّ
douanier (m)	muwaẓẓaf al ʒamārik (m)	موظف الجمارك
contrebande (f) (trafic)	tahrīb (m)	تهريب
contrebande (f)	biḍāʿa muharraba (pl)	بضاعة مهرّبة

75. La finance

action (f)	sahm (m)	سهم
obligation (f)	sanad (m)	سند
lettre (f) de change	kimbyāla (f)	كمبيالة
bourse (f)	būrṣa (f)	بورصة
cours (m) d'actions	siʿr as sahm (m)	سعر السهم
baisser (vi)	raxuṣ	رخص
augmenter (vi) (prix)	ɣala	غلى
part (f)	naṣīb (m)	نصيب
participation (f) de contrôle	al maʒmūʿa al musayṭara (f)	المجموعة المسيطرة
investissements (m pl)	istiθmār (pl)	إستثمار
investir (vt)	istaθmar	إستثمر
pour-cent (m)	bil mi'a (m)	بالمئة
intérêts (m pl)	fa'ida (f)	فائدة
profit (m)	ribḥ (m)	ربح
profitable (adj)	murbiḥ	مربح
impôt (m)	ḍarība (f)	ضريبة
devise (f)	ʿumla (f)	عملة

national (adj)	wataniy	وطنيّ
échange (m)	tahwīl (m)	تحويل
comptable (m)	muhāsib (m)	محاسب
comptabilité (f)	mahasaba (f)	محاسبة
faillite (f)	iflās (m)	إفلاس
krach (m)	inhiyār (m)	إنهيار
ruine (f)	iflās (m)	إفلاس
se ruiner (vp)	aflas	أفلس
inflation (f)	tadaxxum māliy (m)	تضخّم ماليّ
dévaluation (f)	taxfīḍ qīmat ʻumla (f)	تخفيض قيمة عملة
capital (m)	ra's māl (m)	رأس مال
revenu (m)	daxl (m)	دخل
chiffre (m) d'affaires	dawrat ra's al māl (f)	دورة رأس المال
ressources (f pl)	mawārid (pl)	موارد
moyens (m pl) financiers	al mawārid an naqdiyya (pl)	الموارد النقديّة
frais (m pl) généraux	nafaqāt ʻāmma (pl)	نفقات عامّة
réduire (vt)	xaffaḍ	خفّض

76. La commercialisation. Le marketing

marketing (m)	taswīq (m)	تسويق
marché (m)	sūq (f)	سوق
segment (m) du marché	qaṭāʻ as sūq (m)	قطاع السوق
produit (m)	muntaʒ (m)	منتج
marchandise (f)	baḍāʼiʻ (pl)	بضائع
marque (f) de fabrique	mārka (f)	ماركة
marque (f) déposée	mārka tiʒāriyya (f)	ماركة تجاريّة
logotype (m)	ʃiʻār (m)	شعار
logo (m)	ʃiʻār (m)	شعار
demande (f)	talab (m)	طلب
offre (f)	maxzūn (m)	مخزون
besoin (m)	ḥāʒa (f)	حاجة
consommateur (m)	mustahlik (m)	مستهلك
analyse (f)	tahlīl (m)	تحليل
analyser (vt)	hallal	حلّل
positionnement (m)	waḍʻ (m)	وضع
positionner (vt)	waḍaʻ	وضع
prix (m)	siʻr (m)	سعر
politique (f) des prix	siyāsat al asʻār (f)	سياسة الأسعار
formation (f) des prix	taʃkīl al asʻār (m)	تشكيل الأسعار

77. La publicité

publicité (f), pub (f)	iʻlān (m)	إعلان
faire de la publicité	aʻlan	أعلن

budget (m)	mīzāniyya (f)	ميزانيّة
annonce (f), pub (f)	i'lān (m)	إعلان
publicité (f) à la télévision	i'lān fit tiliviziyūn (m)	إعلان في التليفزيون
publicité (f) à la radio	i'lān fir rādiyu (m)	إعلان في الراديو
publicité (f) extérieure	i'lān ẓāhiriy (m)	إعلان ظاهريّ
mass média (m pl)	wasā'il al i'lām (pl)	وسائل الإعلام
périodique (m)	ṣaḥifa dawriyya (f)	صحيفة دوريّة
image (f)	imiʒ (m)	إيميج
slogan (m)	ʃi'ār (m)	شعار
devise (f)	ʃi'ār (m)	شعار
campagne (f)	ḥamla (f)	حملة
campagne (f) publicitaire	ḥamla i'lāniyya (f)	حملة إعلانيّة
public (m) cible	maʒmū'a mustahdafa (f)	مجموعة مستهدفة
carte (f) de visite	biṭāqat al 'amal (f)	بطاقة العمل
prospectus (m)	manʃūr (m)	منشور
brochure (f)	naʃra (f)	نشرة
dépliant (m)	kutayyib (m)	كتيّب
bulletin (m)	naʃra ixbāriyya (f)	نشرة إخبارية
enseigne (f)	lāfita (f)	لافتة
poster (m)	mulṣaq i'lāniy (m)	ملصق إعلانيّ
panneau-réclame (m)	lawḥat i'lānāt (f)	لوحة إعلانات

78. Les opérations bancaires

banque (f)	bank (m)	بنك
agence (f) bancaire	far' (m)	فرع
conseiller (m)	muwaẓẓaf bank (m)	موظّف بنك
gérant (m)	mudīr (m)	مدير
compte (m)	ḥisāb (m)	حساب
numéro (m) du compte	raqm al ḥisāb (m)	رقم الحساب
compte (m) courant	ḥisāb ʒāri (m)	حساب جار
compte (m) sur livret	ḥisāb tawfīr (m)	حساب توفير
ouvrir un compte	fataḥ ḥisāb	فتح حسابا
clôturer le compte	aɣlaq ḥisāb	أغلق حسابا
verser dans le compte	awda' fil ḥisāb	أودع في الحساب
retirer du compte	saḥab min al ḥisāb	سحب من الحساب
dépôt (m)	wadī'a (f)	وديعة
faire un dépôt	awda'	أودع
virement (m) bancaire	ḥawāla (f)	حوالة
faire un transfert	ḥawwal	حوّل
somme (f)	mablaɣ (m)	مبلغ
Combien?	kam?	كم؟
signature (f)	tawqī' (m)	توقيع
signer (vt)	waqqa'	وقّع

carte (f) de crédit	biṭāqat i'timān (f)	بطاقة ائتمان
code (m)	kūd (m)	كود
numéro (m) de carte de crédit	raqm biṭāqat i'timān (m)	رقم بطاقة ائتمان
distributeur (m)	ṣarrāf 'āliy (m)	صرّاف آليّ
chèque (m)	ʃīk (m)	شيك
faire un chèque	katab ʃīk	كتب شيكًا
chéquier (m)	daftar ʃīkāt (m)	دفتر شيكات
crédit (m)	qarḍ (m)	قرض
demander un crédit	qaddam ṭalab lil ḥuṣūl 'ala qarḍ	قدّم طلبا للحصول على قرض
prendre un crédit	ḥaṣal 'ala qarḍ	حصل على قرض
accorder un crédit	qaddam qarḍ	قدّم قرضا
gage (m)	ḍamān (m)	ضمان

79. Le téléphone. La conversation téléphonique

téléphone (m)	hātif (m)	هاتف
portable (m)	hātif maḥmūl (m)	هاتف محمول
répondeur (m)	muʒīb al hātif (m)	مجيب الهاتف
téléphoner, appeler	ittaṣal	إتّصل
appel (m)	mukālama tilifuniyya (f)	مكالمة تليفونية
composer le numéro	ittaṣal bi raqm	إتّصل برقم
Allô!	alu!	ألو!
demander (~ l'heure)	sa'al	سأل
répondre (vi, vt)	radd	ردّ
entendre (bruit, etc.)	sami'	سمع
bien (adv)	ʒayyidan	جيّدا
mal (adv)	sayyi'an	سيّئًا
bruits (m pl)	taʃwīʃ (m)	تشويش
récepteur (m)	sammā'a (f)	سمّاعة
décrocher (vt)	rafa' as sammā'a	رفع السمّاعة
raccrocher (vi)	qafal as sammā'a	قفل السمّاعة
occupé (adj)	maʃɣūl	مشغول
sonner (vi)	rann	رنّ
carnet (m) de téléphone	dalīl at tilifūn (m)	دليل التليفون
local (adj)	maḥalliyya	محلّيّة
appel (m) local	mukālama hātifiyya maḥalliyya (f)	مكالمة هاتفيّة محلّيّة
interurbain (adj)	ba'īd al mada	بعيد المدى
appel (m) interurbain	mukālama ba'īdat al mada (f)	مكالمة بعيدة المدى
international (adj)	duwaliy	دوليّ
appel (m) international	mukālama duwaliyya (f)	مكالمة دوليّة

80. Le téléphone portable

portable (m)	hātif maḥmūl (m)	هاتف محمول
écran (m)	ʒihāz 'arḍ (m)	جهاز عرض
bouton (m)	zirr (m)	زر
carte SIM (f)	sim kart (m)	سيم كارت
pile (f)	baṭṭāriyya (f)	بطّاريّة
être déchargé	xalaṣat	خلصت
chargeur (m)	ʃāḥin (m)	شاحن
menu (m)	qā'ima (f)	قائمة
réglages (m pl)	awḍā' (pl)	أوضاع
mélodie (f)	naɣma (f)	نغمة
sélectionner (vt)	ixtār	إختار
calculatrice (f)	'āla ḥāsiba (f)	آلة حاسبة
répondeur (m)	barīd ṣawtiy (m)	بريد صوتيّ
réveil (m)	munabbih (m)	منبّه
contacts (m pl)	ʒihāt al ittiṣāl (pl)	جهات الإتّصال
SMS (m)	risāla qaṣīra ɛsɛmɛs (f)	sms رسالة قصيرة
abonné (m)	muʃtarik (m)	مشترك

81. La papeterie

stylo (m) à bille	qalam ʒāf (m)	قلم جاف
stylo (m) à plume	qalam rīʃa (m)	قلم ريشة
crayon (m)	qalam ruṣāṣ (m)	قلم رصاص
marqueur (m)	markir (m)	ماركر
feutre (m)	qalam xaṭṭāṭ (m)	قلم خطاط
bloc-notes (m)	muðakkira (f)	مذكّرة
agenda (m)	ʒadwal al a'māl (m)	جدول الأعمال
règle (f)	masṭara (f)	مسطرة
calculatrice (f)	'āla ḥāsiba (f)	آلة حاسبة
gomme (f)	astīka (f)	استيكة
punaise (f)	dabbūs (m)	دبّوس
trombone (m)	dabbūs waraq (m)	دبّوس ورق
colle (f)	ṣamɣ (m)	صمغ
agrafeuse (f)	dabbāsa (f)	دبّاسة
perforateur (m)	xarrāma (f)	خرّامة
taille-crayon (m)	mibrāt (f)	مبراة

82. Les types d'activités économiques

services (m pl) comptables	xidamāt muḥasaba (pl)	خدمات محاسبة
publicité (f), pub (f)	i'lān (m)	إعلان

agence (f) publicitaire	wikālat i'lān (f)	وكالة إعلان
climatisation (m)	takyīf (m)	تكييف
compagnie (f) aérienne	ʃarikat ṭayarān (f)	شركة طيران
boissons (f pl) alcoolisées	maʃrūbāt kuḥūliyya (pl)	مشروبات كحوليّة
antiquités (f pl)	tuḥaf (pl)	تحف
galerie (f) d'art	ma'raḍ fanniy (m)	معرض فنّي
services (m pl) d'audition	tadqīq al ḥisābāt (pl)	تدقيق الحسابات
banques (f pl)	al qiṭā' al maṣrafiy (m)	القطاع المصرفي
bar (m)	ḥār (m)	بار
salon (m) de beauté	ṣālūn taʒmīl (m)	صالون تجميل
librairie (f)	maḥall kutub (m)	محلّ كتب
brasserie (f) (fabrique)	maṣna' bīra (m)	مصنع بيرة
centre (m) d'affaires	markaz tiʒāriy (m)	مركز تجاريّ
école (f) de commerce	kulliyyat idārat al a'māl (f)	كلّيّة إدارة الأعمال
casino (m)	kazīnu (m)	كازينو
bâtiment (m)	binā' (m)	بناء
conseil (m)	istiʃāra (f)	إستشارة
dentistes (pl)	'iyādat asnān (f)	عيادة أسنان
design (m)	taṣmīm (m)	تصميم
pharmacie (f)	ṣaydaliyya (f)	صيدليّة
pressing (m)	tanẓīf ʒāff (m)	تنظيف جافّ
agence (f) de recrutement	wikālat tawẓīf (f)	وكالة توظيف
service (m) financier	xidamāt māliyya (pl)	خدمات ماليّة
produits (m pl) alimentaires	mawādd ɣiðā'iyya (pl)	موادَ غذائيّة
maison (f) funéraire	bayt al ʒanāzāt (m)	بيت الجنازات
meubles (m pl)	aθāθ (m)	أثاث
vêtement (m)	malābis (pl)	ملابس
hôtel (m)	funduq (m)	فندق
glace (f)	muθallaʒāt (pl)	مثلّجات
industrie (f)	ṣinā'a (f)	صناعة
assurance (f)	ta'mīn (m)	تأمين
Internet (m)	intirnit (m)	إنترنت
investissements (m pl)	istiθmārāt (pl)	إستثمارات
bijoutier (m)	ṣā'iɣ (m)	صائغ
bijouterie (f)	muʒawharāt (pl)	مجوهرات
blanchisserie (f)	maɣsala (f)	مغسلة
service (m) juridique	xidamāt qānūniyya (pl)	خدمات قانونيّة
industrie (f) légère	ṣinā'a xafīfa (f)	صناعة خفيفة
revue (f)	maʒalla (f)	مجلّة
vente (f) par catalogue	bay' bil barīd (m)	بيع بالبريد
médecine (f)	ṭibb (m)	طبّ
cinéma (m)	sinima (f)	سينما
musée (m)	matḥaf (m)	متحف
agence (f) d'information	wikālat anbā' (f)	وكالة أنباء
journal (m)	ʒarīda (f)	جريدة
boîte (f) de nuit	malha layliy (m)	ملهى ليليّ
pétrole (m)	nafṭ (m)	نفط

coursiers (m pl)	xidamāt aʃ ʃaḥn (pl)	خدمات الشحن
industrie (f) pharmaceutique	ṣaydala (f)	صيدلة
imprimerie (f)	ṭibāʻa (f)	طباعة
maison (f) d'édition	dār aṭ ṭibāʻa wan naʃr (f)	دار الطباعة والنشر
radio (f)	iðāʻa (f)	إذاعة
immobilier (m)	ʻiqārāt (pl)	عقارات
restaurant (m)	maṭʻam (m)	مطعم
agence (f) de sécurité	ʃarikat amn (f)	شركة أمن
sport (m)	riyāḍa (f)	رياضة
bourse (f)	būrṣa (f)	بورصة
magasin (m)	maḥall (m)	محلّ
supermarché (m)	subirmarkit (m)	سوبرماركت
piscine (f)	masbaḥ (m)	مسبح
atelier (m) de couture	ṣālūn (m)	صالون
télévision (f)	tilivizyūn (m)	تليفزيون
théâtre (m)	masraḥ (m)	مسرح
commerce (m)	tiʒāra (f)	تجارة
sociétés de transport	wasāʼil an naql (pl)	وسائل النقل
tourisme (m)	siyāḥa (f)	سياحة
vétérinaire (m)	ṭabīb bayṭariy (m)	طبيب بيطريّ
entrepôt (m)	mustawdaʻ (m)	مستودع
récupération (f) des déchets	ʒamʻ an nufāyāt (m)	جمع النفايات

Le travail. Les affaires. Partie 2

83. Les foires et les salons

salon (m)	ma'raḍ (m)	معرض
salon (m) commercial	ma'raḍ tiӡāriy (m)	معرض تجاريّ
participation (f)	iʃtirāk (m)	إشتراك
participer à …	iʃtarak	إشترك
participant (m)	muʃtarik (m)	مشترك
directeur (m)	mudīr (m)	مدير
direction (f)	maktab al munaẓẓimīn (m)	مكتب المنظّمين
organisateur (m)	munaẓẓim (m)	منظّم
organiser (vt)	naẓẓam	نظّم
demande (f) de participation	istimārat al iʃtirāk (f)	إستمارة الإشتراك
remplir (vt)	mala'	ملأ
détails (m pl)	tafāṣīl (pl)	تفاصيل
information (f)	isti'lāmāt (pl)	إستعلامات
prix (m)	si'r (m)	سعر
y compris	bima fīh	بما فيه
inclure (~ les taxes)	taḍamman	تضمّن
payer (régler)	dafa'	دفع
droits (m pl) d'inscription	rusūm at tasӡīl (pl)	رسوم التسجيل
entrée (f)	madxal (m)	مدخل
pavillon (m)	ӡanāḥ (m)	جناح
enregistrer (vt)	saӡӡal	سجّل
badge (m)	ʃāra (f)	شارة
stand (m)	kuʃk (m)	كشك
réserver (vt)	ḥaӡaz	حجز
vitrine (f)	vatrīna (f)	فترينة
lampe (f)	miṣbāḥ (m)	مصباح
design (m)	taṣmīm (m)	تصميم
mettre (placer)	waḍa'	وضع
distributeur (m)	muwazzi' (m)	موزّع
fournisseur (m)	muwarrid (m)	مورّد
pays (m)	balad (m)	بلد
étranger (adj)	aӡnabiy	أجنبيّ
produit (m)	muntaӡ (m)	منتج
association (f)	ӡam'iyya (f)	جمعيّة
salle (f) de conférences	qā'at al mu'tamarāt (f)	قاعة المؤتمرات
congrès (m)	mu'tamar (m)	مؤتمر

concours (m)	musābaqa (f)	مسابقة
visiteur (m)	zā'ir (m)	زائر
visiter (vt)	ḥaḍar	حضر
client (m)	zubūn (m)	زبون

84. La recherche scientifique et les chercheurs

science (f)	'ilm (m)	علم
scientifique (adj)	'ilmiy	علميّ
savant (m)	'ālim (m)	عالم
théorie (f)	naẓariyya (f)	نظريّة
axiome (m)	badīhiyya (f)	بديهيّة
analyse (f)	taḥlīl (m)	تحليل
analyser (vt)	ḥallal	حلّل
argument (m)	burhān (m)	برهان
substance (f) (matière)	mādda (f)	مادّة
hypothèse (f)	farḍiyya (f)	فرضيّة
dilemme (m)	mu'ḍila (f)	معضلة
thèse (f)	risāla 'ilmiyya (f)	رسالة علميّة
dogme (m)	'aqīda (f)	عقيدة
doctrine (f)	maðhab (m)	مذهب
recherche (f)	baḥθ (m)	بحث
rechercher (vt)	baḥaθ	بحث
test (m)	iχtibārāt (pl)	إختبارات
laboratoire (m)	muχtabar (m)	مختبر
méthode (f)	manhaʒ (m)	منهج
molécule (f)	ʒuzayi' (m)	جزيء
monitoring (m)	riqāba (f)	رقابة
découverte (f)	iktiʃāf (m)	إكتشاف
postulat (m)	musallama (f)	مسلّمة
principe (m)	mabda' (m)	مبدأ
prévision (f)	tanabbu' (m)	تنبّؤ
prévoir (vt)	tanabba'	تنبأ
synthèse (f)	tarkīb (m)	تركيب
tendance (f)	ittiʒāh (m)	إتجاه
théorème (m)	naẓariyya (f)	نظريّة
enseignements (m pl)	ta'ālīm (pl)	تعاليم
fait (m)	ḥaqīqa (f)	حقيقة
expédition (f)	ba'θa (f)	بعثة
expérience (f)	taʒriba (f)	تجربة
académicien (m)	akadīmiy (m)	أكاديميّ
bachelier (m)	bakalūriyūs (m)	بكالوريوس
docteur (m)	duktūr (m)	دكتور
chargé (m) de cours	ustāð muʃārik (m)	أستاذ مشارك
magistère (m)	maʒistīr (m)	ماجستير
professeur (m)	brufissūr (m)	بروفيسور

Les professions. Les métiers

85. La recherche d'emploi. Le licenciement

travail (m)	'amal (m)	عمل
employés (pl)	kawādir (pl)	كوادر
personnel (m)	ṭāqim al 'āmilīn (m)	طاقم العاملين
carrière (f)	masār mihniy (m)	مسار مهنيّ
perspective (f)	'āfāq (pl)	آفاق
maîtrise (f)	mahārāt (pl)	مهارات
sélection (f)	iχtiyār (m)	إختيار
agence (f) de recrutement	wikālat tawẓīf (f)	وكالة توظيف
C.V. (m)	sīra ðātiyya (f)	سيرة ذاتيّة
entretien (m)	mu'ābalat 'amal (f)	مقابلة عمل
emploi (m) vacant	waẓīfa χāliya (f)	وظيفة خالية
salaire (m)	murattab (m)	مرتّب
salaire (m) fixe	rātib θābit (m)	راتب ثابت
rémunération (f)	uʒra (f)	أجرة
poste (m) (~ évolutif)	manṣib (m)	منصب
fonction (f)	wāʒib (m)	واجب
liste (f) des fonctions	maʒmūʻa min al wāʒibāt (f)	مجموعة من الواجبات
occupé (adj)	mafʃūl	مشغول
licencier (vt)	aqāl	أقال
licenciement (m)	iqāla (m)	إقالة
chômage (m)	biṭāla (f)	بطالة
chômeur (m)	'āṭil (m)	عاطل
retraite (f)	ma'āʃ (m)	معاش
prendre sa retraite	uḥīl 'alal ma'āʃ	أحيل على المعاش

86. Les hommes d'affaires

directeur (m)	mudīr (m)	مدير
gérant (m)	mudīr (m)	مدير
patron (m)	mudīr (m), ra'īs (m)	مدير، رئيس
supérieur (m)	ra'īs (m)	رئيس
supérieurs (m pl)	ru'asā' (pl)	رؤساء
président (m)	ra'īs (m)	رئيس
président (m) (d'entreprise)	ra'īs (m)	رئيس
adjoint (m)	nā'ib (m)	نائب
assistant (m)	musā'id (m)	مساعد

secrétaire (m, f)	sikirtīr (m)	سكرتير
secrétaire (m, f) personnel	sikritīr χāṣṣ (m)	سكرتير خاصّ
homme (m) d'affaires	raʒul aʿmāl (m)	رجل أعمال
entrepreneur (m)	rāʾid aʿmāl (m)	رائد أعمال
fondateur (m)	muʾassis (m)	مؤسّس
fonder (vt)	assas	أسّس
fondateur (m)	muʾassis (m)	مؤسّس
partenaire (m)	ʃarīk (m)	شريك
actionnaire (m)	musāhim (m)	مساهم
millionnaire (m)	milyunīr (m)	مليونير
milliardaire (m)	milyardīr (m)	ملياردير
propriétaire (m)	ṣāḥib (m)	صاحب
propriétaire (m) foncier	ṣāḥib al arḍ (m)	صاحب الأرض
client (m)	ʿamīl (m)	عميل
client (m) régulier	ʿamīl dāʾim (m)	عميل دائم
acheteur (m)	muʃtari (m)	مشتر
visiteur (m)	zāʾir (m)	زائر
professionnel (m)	muḥtarif (m)	محترف
expert (m)	χabīr (m)	خبير
spécialiste (m)	mutaχaṣṣiṣ (m)	متخصّص
banquier (m)	ṣāḥib maṣraf (m)	صاحب مصرف
courtier (m)	simsār (m)	سمسار
caissier (m)	ṣarrāf (m)	صرّاف
comptable (m)	muḥāsib (m)	محاسب
agent (m) de sécurité	ḥāris amn (m)	حارس أمن
investisseur (m)	mustaθmir (m)	مستثمر
débiteur (m)	mudīn (m)	مدين
créancier (m)	dāʾin (m)	دائن
emprunteur (m)	muqtariḍ (m)	مقترض
importateur (m)	mustawrid (m)	مستورد
exportateur (m)	muṣaddir (m)	مصدّر
producteur (m)	aʃ ʃarika al muṣniʿa (f)	الشركة المصنعة
distributeur (m)	muwazziʿ (m)	موزّع
intermédiaire (m)	wasīṭ (m)	وسيط
conseiller (m)	mustaʃār (m)	مستشار
représentant (m)	mandūb mabiʿāt (m)	مندوب مبيعات
agent (m)	wakīl (m)	وكيل
agent (m) d'assurances	wakīl at taʾmīn (m)	وكيل التأمين

87. Les métiers des services

cuisinier (m)	ṭabbāχ (m)	طبّاخ
cuisinier (m) en chef	ʃāf (m)	شاف

boulanger (m)	χabbāz (m)	خبَّاز
barman (m)	bārman (m)	بارمان
serveur (m)	nādil (m)	نادل
serveuse (f)	nādila (f)	نادلة
avocat (m)	muḥāmi (m)	محام
juriste (m)	muḥāmi (m)	محام
notaire (m)	muwaθθaq (m)	موَثَّق
électricien (m)	kahrabā'iy (m)	كهربائيّ
plombier (m)	sabbāk (m)	سبَّاك
charpentier (m)	naʒʒār (m)	نجَّار
masseur (m)	mudallik (m)	مدلِّك
masseuse (f)	mudallika (f)	مدلِّكة
médecin (m)	ṭabīb (m)	طبيب
chauffeur (m) de taxi	sā'iq taksi (m)	سائق تاكسي
chauffeur (m)	sā'iq (m)	سائق
livreur (m)	sā'i (m)	ساع
femme (f) de chambre	'āmilat tanẓīf ɣuraf (f)	عاملة تنظيف غرف
agent (m) de sécurité	ḥāris amn (m)	حارس أمن
hôtesse (f) de l'air	muḍīfat ṭayarān (f)	مضيفة طيران
professeur (m)	mudarris madrasa (m)	مدرِّس مدرسة
bibliothécaire (m)	amīn maktaba (m)	أمين مكتبة
traducteur (m)	mutarʒim (m)	مترجم
interprète (m)	mutarʒim fawriy (m)	مترجم فوريّ
guide (m)	murʃid (m)	مرشد
coiffeur (m)	ḥallāq (m)	حلَّاق
facteur (m)	sā'i al barīd (m)	ساعي البريد
vendeur (m)	bā'i' (m)	بائع
jardinier (m)	bustāniy (m)	بستانيّ
serviteur (m)	χādim (m)	خادم
servante (f)	χādima (f)	خادمة
femme (f) de ménage	'āmilat tanẓīf (f)	عاملة تنظيف

88. Les professions militaires et leurs grades

soldat (m) (grade)	ʒundiy (m)	جنديّ
sergent (m)	raqīb (m)	رقيب
lieutenant (m)	mulāzim (m)	ملازم
capitaine (m)	naqīb (m)	نقيب
commandant (m)	rā'id (m)	رائد
colonel (m)	'aqīd (m)	عقيد
général (m)	ʒinirāl (m)	جنرال
maréchal (m)	mārʃāl (m)	مارشال
amiral (m)	amirāl (m)	أميرال
militaire (m)	'askariy (m)	عسكريّ
soldat (m)	ʒundiy (m)	جنديّ

officier (m)	ḍābiṭ (m)	ضابط
commandant (m)	qā'id (m)	قائد
garde-frontière (m)	ḥāris ḥudūd (m)	حارس حدود
opérateur (m) radio	'āmil lāsilkiy (m)	عامل لاسلكيّ
éclaireur (m)	mustakʃif (m)	مستكشف
démineur (m)	muhandis 'askariy (m)	مهندس عسكريّ
tireur (m)	rāmi (m)	رام
navigateur (m)	mallāḥ (m)	ملّاح

89. Les fonctionnaires. Les prêtres

roi (m)	malik (m)	ملك
reine (f)	malika (f)	ملكة
prince (m)	amīr (m)	أمير
princesse (f)	amīra (f)	أميرة
tsar (m)	qayṣar (m)	قيصر
tsarine (f)	qayṣara (f)	قيصرة
président (m)	ra'īs (m)	رئيس
ministre (m)	wazīr (m)	وزير
premier ministre (m)	ra'īs wuzarā' (m)	رئيس وزراء
sénateur (m)	'uḍw maʒlis aʃ ʃuyūχ (m)	عضو مجلس الشيوخ
diplomate (m)	diblumāsiy (m)	دبلوماسيّ
consul (m)	qunṣul (m)	قنصل
ambassadeur (m)	safīr (m)	سفير
conseiller (m)	mustaʃār (m)	مستشار
fonctionnaire (m)	muwazzaf (m)	موظّف
préfet (m)	ra'īs idārat al ḥayy (m)	رئيس إدارة الحيّ
maire (m)	ra'īs al baladiyya (m)	رئيس البلديّة
juge (m)	qāḍi (m)	قاض
procureur (m)	mudda'i (m)	مدّع
missionnaire (m)	mubaʃʃir (m)	مبشّر
moine (m)	rāhib (m)	راهب
abbé (m)	ra'īs ad dayr (m)	رئيس الدير
rabbin (m)	ḥāχām (m)	حاخام
vizir (m)	wazīr (m)	وزير
shah (m)	ʃāh (m)	شاه
cheik (m)	ʃɛyχ (m)	شيخ

90. Les professions agricoles

apiculteur (m)	naḥḥāl (m)	نحّال
berger (m)	rā'i (m)	راع
agronome (m)	muhandis zirā'iy (m)	مهندس زراعيّ

éleveur (m)	murabbi al mawāʃi (m)	مربّي المواشي
vétérinaire (m)	ṭabīb bayṭariy (m)	طبيب بيطري
fermier (m)	muzāriʻ (m)	مزارع
vinificateur (m)	ṣāniʻ an nabīð (m)	صانع النبيذ
zoologiste (m)	χabīr fi ʻilm al ḥayawān (m)	خبير في علم الحيوان
cow-boy (m)	rāʻi al baqar (m)	راعي البقر

91. Les professions artistiques

acteur (m)	mumaθθil (m)	ممثّل
actrice (f)	mumaθθila (f)	ممثّلة
chanteur (m)	muɣanni (m)	مغنّ
cantatrice (f)	muɣanniya (f)	مغنّية
danseur (m)	rāqiṣ (m)	راقص
danseuse (f)	rāqiṣa (f)	راقصة
artiste (m)	fannān (m)	فنّان
artiste (f)	fannāna (f)	فنّانة
musicien (m)	ʻāzif (m)	عازف
pianiste (m)	ʻāzif biyānu (m)	عازف بيانو
guitariste (m)	ʻāzif gitār (m)	عازف جيتار
chef (m) d'orchestre	qāʻid urkistra (m)	قائد أركسترا
compositeur (m)	mulaḥḥin (m)	ملحّن
imprésario (m)	mudīr firqa (m)	مدير فرقة
metteur (m) en scène	muχriʒ (m)	مخرج
producteur (m)	muntiʒ (m)	منتج
scénariste (m)	kātib sināriyu (m)	كاتب سيناريو
critique (m)	nāqid (m)	ناقد
écrivain (m)	kātib (m)	كاتب
poète (m)	ʃāʻir (m)	شاعر
sculpteur (m)	naḥḥāt (m)	نحّات
peintre (m)	rassām (m)	رسّام
jongleur (m)	bahlawān (m)	بهلوان
clown (m)	muharriʒ (m)	مهرّج
acrobate (m)	bahlawān (m)	بهلوان
magicien (m)	sāḥir (m)	ساحر

92. Les différents métiers

médecin (m)	ṭabīb (m)	طبيب
infirmière (f)	mumarriḍa (f)	ممرّضة
psychiatre (m)	ṭabīb nafsiy (m)	طبيب نفسيّ
stomatologue (m)	ṭabīb al asnān (m)	طبيب الأسنان
chirurgien (m)	ʒarrāḥ (m)	جرّاح

astronaute (m)	rā'id faḍā' (m)	رائد فضاء
astronome (m)	'ālim falak (m)	عالم فلك
pilote (m)	ṭayyār (m)	طيّار
chauffeur (m)	sā'iq (m)	سائق
conducteur (m) de train	sā'iq (m)	سائق
mécanicien (m)	mikanīkiy (m)	ميكانيكيّ
mineur (m)	'āmil manʒam (m)	عامل منجم
ouvrier (m)	'āmil (m)	عامل
serrurier (m)	qaffāl (m)	قفّال
menuisier (m)	naʒʒār (m)	نجّار
tourneur (m)	χarrāṭ (m)	خرّاط
ouvrier (m) du bâtiment	'āmil binā' (m)	عامل بناء
soudeur (m)	laḥḥām (m)	لحّام
professeur (m) (titre)	brufissūr (m)	بروفيسور
architecte (m)	muhandis mi'māriy (m)	مهندس معماريّ
historien (m)	mu'arriχ (m)	مؤرّخ
savant (m)	'ālim (m)	عالم
physicien (m)	fizyā'iy (m)	فيزيائيّ
chimiste (m)	kimyā'iy (m)	كيميائيّ
archéologue (m)	'ālim 'āθār (m)	عالم آثار
géologue (m)	ʒiulūʒiy (m)	جيولوجيّ
chercheur (m)	bāḥiθ (m)	باحث
baby-sitter (m, f)	murabbiyat aṭfāl (f)	مربّية الأطفال
pédagogue (m, f)	mu'allim (m)	معلّم
rédacteur (m)	muḥarrir (m)	محرّر
rédacteur (m) en chef	ra'īs taḥrīr (m)	رئيس تحرير
correspondant (m)	murāsil (m)	مراسل
dactylographe (f)	kātiba 'alal 'āla al kātiba (f)	كاتبة على الآلة الكاتبة
designer (m)	muṣammim (m)	مصمّم
informaticien (m)	mutaχaṣṣiṣ bil kumbyūtir (m)	متخصّص بالكمبيوتر
programmeur (m)	mubarmiʒ (m)	مبرمج
ingénieur (m)	muhandis (m)	مهندس
marin (m)	baḥḥār (m)	بحّار
matelot (m)	baḥḥār (m)	بحّار
secouriste (m)	munqiδ (m)	منقذ
pompier (m)	raʒul itfā' (m)	رجل إطفاء
policier (m)	ʃurṭiy (m)	شرطيّ
veilleur (m) de nuit	ḥāris (m)	حارس
détective (m)	muḥaqqiq (m)	محقّق
douanier (m)	muwazzaf al ʒamārik (m)	موظّف الجمارك
garde (m) du corps	ḥāris ʃaχṣiy (m)	حارس شخصيّ
gardien (m) de prison	ḥāris siʒn (m)	حارس سجن
inspecteur (m)	mufattiʃ (m)	مفتّش
sportif (m)	riyāḍiy (m)	رياضيّ
entraîneur (m)	mudarrib (m)	مدرّب

boucher (m)	ʒazzār (m)	جزّار
cordonnier (m)	iskāfiy (m)	إسكافيّ
commerçant (m)	tāʒir (m)	تاجر
chargeur (m)	ḥammāl (m)	حمّال
couturier (m)	muṣammim azyā' (m)	مصمّم أزياء
modèle (f)	mudīl (f)	موديل

93. Les occupations, Le statut social

écolier (m)	tilmīð (m)	تلميذ
étudiant (m)	ṭālib (m)	طالب
philosophe (m)	faylasūf (m)	فيلسوف
économiste (m)	iqtiṣādiy (m)	إقتصاديّ
inventeur (m)	muxtariʿ (m)	مخترع
chômeur (m)	ʿāṭil (m)	عاطل
retraité (m)	mutaqāʿid (m)	متقاعد
espion (m)	ʒāsūs (m)	جاسوس
prisonnier (m)	saʒīn (m)	سجين
gréviste (m)	muḍrib (m)	مضرب
bureaucrate (m)	buruqrāṭiy (m)	بيروقراطيّ
voyageur (m)	raḥḥāla (m)	رحّالة
homosexuel (m)	miθliy ʒinsiyyan (m)	مثليّ جنسيًّا
hacker (m)	hākir (m)	هاكر
hippie (m, f)	hippi (m)	هيبي
bandit (m)	qāṭiʿ ṭarīq (m)	قاطع طريق
tueur (m) à gages	qātil ma'ʒūr (m)	قاتل مأجور
drogué (m)	mudmin muxaddirāt (m)	مدمن مخدّرات
trafiquant (m) de drogue	tāʒir muxaddirāt (m)	تاجر مخدّرات
prostituée (f)	ʿāhira (f)	عاهرة
souteneur (m)	qawwād (m)	قوّاد
sorcier (m)	sāḥir (m)	ساحر
sorcière (f)	sāḥira (f)	ساحرة
pirate (m)	qurṣān (m)	قرصان
esclave (m)	ʿabd (m)	عبد
samouraï (m)	samurāy (m)	ساموراي
sauvage (m)	mutawaḥḥiʃ (m)	متوحّش

L'êducation

94. L'êducation

| école (f) | madrasa (f) | مدرسة |
| directeur (m) d'école | mudīr madrasa (m) | مدير مدرسة |

élève (m)	tilmīð (m)	تلميذ
élève (f)	tilmīða (f)	تلميذة
écolier (m)	tilmīð (m)	تلميذ
écolière (f)	tilmīða (f)	تلميذة

enseigner (vt)	'allam	علّم
apprendre (~ l'arabe)	ta'allam	تعلّم
apprendre par cœur	ḥafaẓ	حفظ

apprendre (à faire qch)	ta'allam	تعلّم
être étudiant, -e	daras	درس
aller à l'école	ðahab ilal madrasa	ذهب إلى المدرسة

| alphabet (m) | alifbā' (m) | الفباء |
| matière (f) | mādda (f) | مادّة |

salle (f) de classe	faṣl (m)	فصل
leçon (f)	dars (m)	درس
récréation (f)	istirāḥa (f)	إستراحة
sonnerie (f)	ʒaras al madrasa (m)	جرس المدرسة
pupitre (m)	taxta lil madrasa (m)	تخته للمدرسة
tableau (m) noir	sabbūra (f)	سبّورة

note (f)	daraʒa (f)	درجة
bonne note (f)	daraʒa ʒayyida (f)	درجة جيّدة
mauvaise note (f)	daraʒa γayr ʒayyida (f)	درجة غير جيّدة
donner une note	a'ṭa daraʒa	أعطى درجة

faute (f)	xaṭa' (m)	خطأ
faire des fautes	axṭa'	أخطأ
corriger (une erreur)	ṣaḥḥaḥ	صحّح
antisèche (f)	waraqat γaʃʃ (f)	ورقة غشّ

| devoir (m) | wāʒib manziliy (m) | واجب منزليّ |
| exercice (m) | tamrīn (m) | تمرين |

être présent	ḥaḍar	حضر
être absent	γāb	غاب
manquer l'école	taγayyab 'an al madrasa	تغيّب عن المدرسة

punir (vt)	'āqab	عاقب
punition (f)	'uqūba (f), 'iqāb (m)	عقوبة، عقاب
conduite (f)	sulūk (m)	سلوك

carnet (m) de notes	at taqrīr al madrasiy (m)	التقرير المدرسيّ
crayon (m)	qalam ruṣāṣ (m)	قلم رصاص
gomme (f)	astīka (f)	أستيكة
craie (f)	ṭabāʃīr (m)	طباشير
plumier (m)	maqlama (f)	مقلمة
cartable (m)	ʃanṭat al madrasa (f)	شنطة المدرسة
stylo (m)	qalam (m)	قلم
cahier (m)	daftar (m)	دفتر
manuel (m)	kitāb taʻlīm (m)	كتاب تعليم
compas (m)	barʒal (m)	برجل
dessiner (~ un plan)	rasam rasm taqniy	رسم رسمًا تقنيًا
dessin (m) technique	rasm taqniy (m)	رسم تقنيّ
poésie (f)	qaṣīda (f)	قصيدة
par cœur (adv)	ʻan ẓahr qalb	عن ظهر قلب
apprendre par cœur	ḥafaẓ	حفظ
vacances (f pl)	ʻuṭla madrasiyya (f)	عطلة مدرسيّة
être en vacances	ʻindahu ʻuṭla	عنده عطلة
passer les vacances	qaḍa al ʻuṭla	قضى العطلة
interrogation (f) écrite	imtiḥān (m)	إمتحان
composition (f)	inʃāʼ (m)	إنشاء
dictée (f)	imlāʼ (m)	إملاء
examen (m)	imtiḥān (m)	إمتحان
passer les examens	marr al imtiḥān	مرّ الإمتحان
expérience (f) (~ de chimie)	taʒriba (f)	تجربة

95. L'enseignement supérieur

académie (f)	akadīmiyya (f)	أكاديميّة
université (f)	ʒāmiʻa (f)	جامعة
faculté (f)	kulliyya (f)	كليّة
étudiant (m)	ṭālib (m)	طالب
étudiante (f)	ṭāliba (f)	طالبة
enseignant (m)	muḥāḍir (m)	محاضر
salle (f)	mudarraʒ (m)	مدرّج
licencié (m)	mutaxarriʒ (m)	متخرّج
diplôme (m)	diblūma (f)	دبلومة
thèse (f)	risāla ʻilmiyya (f)	رسالة علميّة
étude (f)	dirāsa (f)	دراسة
laboratoire (m)	muxtabar (m)	مختبر
cours (m)	muḥāḍara (f)	محاضرة
camarade (m) de cours	zamīl fiṣ ṣaff (m)	زميل في الصفّ
bourse (f)	minḥa dirāsiyya (f)	منحة دراسيّة
grade (m) universitaire	daraʒa ʻilmiyya (f)	درجة علميّة

96. Les disciplines scientifiques

mathématiques (f pl)	riyāḍīyyāt (pl)	رياضيّات
algèbre (f)	al ʒabr (m)	الجبر
géométrie (f)	handasa (f)	هندسة
astronomie (f)	ʻilm al falak (m)	علم الفلك
biologie (f)	ʻilm al aḥyāʼ (m)	علم الأحياء
géographie (f)	ʒuɣrāfiya (f)	جغرافيا
géologie (f)	ʒiulūʒiya (f)	جيولوجيا
histoire (f)	tarīx (m)	تاريخ
médecine (f)	ṭibb (m)	طبّ
pédagogie (f)	ʻilm at tarbiya (f)	علم التربية
droit (m)	qānūn (m)	قانون
physique (f)	fizyāʼ (f)	فيزياء
chimie (f)	kimyāʼ (f)	كيمياء
philosophie (f)	falsafa (f)	فلسفة
psychologie (f)	ʻilm an nafs (m)	علم النفس

97. Le systéme d'êcriture et l'orthographe

grammaire (f)	an naḥw waṣ ṣarf (m)	النحو والصرف
vocabulaire (m)	mufradāt al luɣa (pl)	مفردات اللغة
phonétique (f)	ṣawtīyyāt (pl)	صوتيّات
nom (m)	ism (m)	إسم
adjectif (m)	ṣifa (f)	صفة
verbe (m)	fiʻl (m)	فعل
adverbe (m)	ẓarf (m)	ظرف
pronom (m)	ḍamīr (m)	ضمير
interjection (f)	ḥarf nidāʼ (m)	حرف نداء
préposition (f)	ḥarf al ʒarr (m)	حرف الجرّ
racine (f)	ʒiðr al kalima (m)	جذر الكلمة
terminaison (f)	nihāya (f)	نهاية
préfixe (m)	sābiqa (f)	سابقة
syllabe (f)	maqṭaʻ lafẓiy (m)	مقطع لفظيّ
suffixe (m)	lāḥiqa (f)	لاحقة
accent (m) tonique	nabra (f)	نبرة
apostrophe (f)	ʻalāmat ḥaðf (f)	علامة حذف
point (m)	nuqṭa (f)	نقطة
virgule (f)	fāṣila (f)	فاصلة
point (m) virgule	nuqṭa wa fāṣila (f)	نقطة وفاصلة
deux-points (m)	nuqṭatān raʼsiyyatān (du)	نقطتان رأسيتان
points (m pl) de suspension	θalāθ nuqaṭ (pl)	ثلاث نقط
point (m) d'interrogation	ʻalāmat istifhām (f)	علامة إستفهام
point (m) d'exclamation	ʻalāmat taʻaʒʒub (f)	علامة تعجّب

guillemets (m pl)	ʻalāmāt al iqtibās (pl)	علامات الإقتباس
entre guillemets	bayn ʻalāmatay al iqtibās	بين علامتي الإقتباس
parenthèses (f pl)	qawsān (du)	قوسان
entre parenthèses	bayn al qawsayn	بين القوسين
trait (m) d'union	ʻalāmat waṣl (f)	علامة وصل
tiret (m)	ʃurṭa (f)	شرطة
blanc (m)	farāɣ (m)	فراغ
lettre (f)	ḥarf (m)	حرف
majuscule (f)	ḥarf kabīr (m)	حرف كبير
voyelle (f)	ḥarf ṣawtiy (m)	حرف صوتيّ
consonne (f)	ḥarf sākin (m)	حرف ساكن
proposition (f)	ʒumla (f)	جملة
sujet (m)	fāʼil (m)	فاعل
prédicat (m)	musnad (m)	مسند
ligne (f)	saṭr (m)	سطر
à la ligne	min bidāyat as saṭr	من بداية السطر
paragraphe (m)	fiqra (f)	فقرة
mot (m)	kalima (f)	كلمة
groupe (m) de mots	maʒmūʻa min al kalimāt (pl)	مجموعة من الكلمات
expression (f)	ʻibāra (f)	عبارة
synonyme (m)	murādif (m)	مرادف
antonyme (m)	mutaḍādd luɣawiy (m)	متضادّ
règle (f)	qāʻida (f)	قاعدة
exception (f)	istiθnāʼ (m)	إستثناء
correct (adj)	ṣaḥīḥ	صحيح
conjugaison (f)	ṣarf (m)	صرف
déclinaison (f)	taṣrīf al asmāʼ (m)	تصريف الأسماء
cas (m)	ḥāla ismiyya (f)	حالة إسميّة
question (f)	suʼāl (m)	سؤال
souligner (vt)	waḍaʻ ҳaṭṭ taḥt	وضع خطًّا تحت
pointillé (m)	ҳaṭṭ munaqqaṭ (m)	خط منقّط

98. Les langues étrangères

langue (f)	luɣa (f)	لغة
étranger (adj)	aʒnabiy	أجنبيّ
langue (f) étrangère	luɣa aʒnabiyya (f)	لغة أجنبيّة
étudier (vt)	daras	درس
apprendre (~ l'arabe)	taʻallam	تعلّم
lire (vi, vt)	qaraʼ	قرأ
parler (vi, vt)	takallam	تكلّم
comprendre (vt)	fahim	فهم
écrire (vt)	katab	كتب
vite (adv)	bi surʻa	بسرعة
lentement (adv)	bi buṭʼ	ببطء

couramment (adv)	bi ṭalāqa	بطلاقة
règles (f pl)	qawā'id (pl)	قواعد
grammaire (f)	an naḥw waṣ ṣarf (m)	النحو والصرف
vocabulaire (m)	mufradāt al luɣa (pl)	مفردات اللغة
phonétique (f)	ṣawtīyyāt (pl)	صوتيّات
manuel (m)	kitāb ta'līm (m)	كتاب تعليم
dictionnaire (m)	qāmūs (m)	قاموس
manuel (m) autodidacte	kitāb ta'līm ðātiy (m)	كتاب تعليم ذاتيّ
guide (m) de conversation	kitāb lil 'ibārāt aʃ ʃā'i'a (m)	كتاب للعبارت الشائعة
cassette (f)	ʃarīṭ (m)	شريط
cassette (f) vidéo	ʃarīṭ vidiyu (m)	شريط فيديو
CD (m)	si di (m)	سي دي
DVD (m)	di vi di (m)	دي في دي
alphabet (m)	alifbā' (m)	الفباء
épeler (vt)	tahaʒʒa	تهجّى
prononciation (f)	nutq (m)	نطق
accent (m)	lukna (f)	لكنة
avec un accent	bi lukna	بلكنة
sans accent	bi dūn lukna	بدون لكنة
mot (m)	kalima (f)	كلمة
sens (m)	ma'na (m)	معنى
cours (m pl)	dawra (f)	دورة
s'inscrire (vp)	saʒʒal ismahu	سجّل إسمه
professeur (m) (~ d'anglais)	mudarris (m)	مدرس
traduction (f) (action)	tarʒama (f)	ترجمة
traduction (f) (texte)	tarʒama (f)	ترجمة
traducteur (m)	mutarʒim (m)	مترجم
interprète (m)	mutarʒim fawriy (m)	مترجم فوريّ
polyglotte (m)	'alīm bi 'iddat luɣāt (m)	عليم بعدّة لغات
mémoire (f)	ðākira (f)	ذاكرة

Les loisirs. Les voyages

99. Les voyages. Les excursions

tourisme (m)	siyāḥa (f)	سياحة
touriste (m)	sā'iḥ (m)	سائح
voyage (m) (à l'étranger)	riḥla (f)	رحلة
aventure (f)	muγāmara (f)	مغامرة
voyage (m)	riḥla (f)	رحلة
vacances (f pl)	'uṭla (f)	عطلة
être en vacances	'indahu 'uṭla	عنده عطلة
repos (m) (jours de ~)	istirāḥa (f)	إستراحة
train (m)	qiṭār (m)	قطار
en train	bil qiṭār	بالقطار
avion (m)	ṭā'ira (f)	طائرة
en avion	biṭ ṭā'ira	بالطائرة
en voiture	bis sayyāra	بالسيّارة
en bateau	bis safīna	بالسفينة
bagage (m)	aʃ ʃunaṭ (pl)	الشنط
malle (f)	ḥaqībat safar (f)	حقيبة سفر
chariot (m)	'arabat ʃunaṭ (f)	عربة شنط
passeport (m)	ʒawāz as safar (m)	جواز السفر
visa (m)	ta'ʃīra (f)	تأشيرة
ticket (m)	taðkira (f)	تذكرة
billet (m) d'avion	taðkirat ṭā'ira (f)	تذكرة طائرة
guide (m) (livre)	dalīl (m)	دليل
carte (f)	χarīṭa (f)	خريطة
région (f) (~ rurale)	minṭaqa (f)	منطقة
endroit (m)	makān (m)	مكان
exotisme (m)	γarāba (f)	غرابة
exotique (adj)	γarīb	غريب
étonnant (adj)	mudhiʃ	مدهش
groupe (m)	maʒmū'a (f)	مجموعة
excursion (f)	ʒawla (f)	جولة
guide (m) (personne)	murʃid (m)	مرشد

100. L'hôtel

hôtel (m)	funduq (m)	فندق
motel (m)	mutīl (m)	موتيل
3 étoiles	θalāθat nuʒūm	ثلاثة نجوم

5 étoiles	χamsat nuʒūm	خمسة نجوم
descendre (à l'hôtel)	nazal	نزل
chambre (f)	γurfa (f)	غرفة
chambre (f) simple	γurfa li ʃaχṣ wāḥid (f)	غرفة لشخص واحد
chambre (f) double	γurfa li ʃaχṣayn (f)	غرفة لشخصين
réserver une chambre	ḥaʒaz γurfa	حجز غرفة
demi-pension (f)	waʒbitān fil yawm (du)	وجبتان في اليوم
pension (f) complète	θalāθ waʒabāt fil yawm	ثلاث وجبات في اليوم
avec une salle de bain	bi ḥawḍ al istiḥmām	بحوض الإستحمام
avec une douche	bid duʃ	بالدوش
télévision (f) par satellite	tilivizyūn faḍā'iy (m)	تلفزيون فضائيّ
climatiseur (m)	takyīf (m)	تكييف
serviette (f)	fūṭa (f)	فوطة
clé (f)	miftāḥ (m)	مفتاح
administrateur (m)	mudīr (m)	مدير
femme (f) de chambre	'āmilat tanẓīf γuraf (f)	عاملة تنظيف غرف
porteur (m)	ḥammāl (m)	حمّال
portier (m)	bawwāb (m)	بوّاب
restaurant (m)	maṭ'am (m)	مطعم
bar (m)	bār (m)	بار
petit déjeuner (m)	fuṭūr (m)	فطور
dîner (m)	'aʃā' (m)	عشاء
buffet (m)	bufīh (m)	بوفيه
hall (m)	radha (f)	ردهة
ascenseur (m)	miṣ'ad (m)	مصعد
PRIÈRE DE NE PAS DÉRANGER	ar raʒā' 'adam al iz'āʒ	الرجاء عدم الإزعاج
DÉFENSE DE FUMER	mamnū' at tadχīn	ممنوع التدخين

LE MATÉRIEL TECHNIQUE. LES TRANSPORTS

Le matériel technique

101. L'informatique

ordinateur (m)	kumbyūtir (m)	كمبيوتر
PC (m) portable	kumbyūtir maḥmūl (m)	كمبيوتر محمول
allumer (vt)	ʃayɣal	شغّل
éteindre (vt)	aɣlaq	أغلق
clavier (m)	lawḥat al mafātīḥ (f)	لوحة المفاتيح
touche (f)	miftāḥ (m)	مفتاح
souris (f)	fa'ra (f)	فأرة
tapis (m) de souris	wisādat fa'ra (f)	وسادة فأرة
bouton (m)	zirr (m)	زرّ
curseur (m)	mu'aʃʃir (m)	مؤشّر
moniteur (m)	ʃāʃa (f)	شاشة
écran (m)	ʃāʃa (f)	شاشة
disque (m) dur	qurṣ ṣalib (m)	قرص صلب
capacité (f) du disque dur	si'at taxzīn (f)	سعة تخزين
mémoire (f)	ðākira (f)	ذاكرة
mémoire (f) vive	ðākirat al wuṣūl al 'aʃwā'iy (f)	ذاكرة الوصول العشوائيّ
fichier (m)	malaff (m)	ملفّ
dossier (m)	ḥāfiẓa (m)	حافظة
ouvrir (vt)	fataḥ	فتح
fermer (vt)	aɣlaq	أغلق
sauvegarder (vt)	ḥafaẓ	حفظ
supprimer (vt)	masaḥ	مسح
copier (vt)	nasax	نسخ
trier (vt)	ṣannaf	صنّف
copier (vt)	naqal	نقل
programme (m)	barnāmaʒ (m)	برنامج
logiciel (m)	barāmiʒ kumbyūtir (pl)	برامج كمبيوتر
programmeur (m)	mubarmiʒ (m)	مبرمج
programmer (vt)	barmaʒ	برمج
hacker (m)	hākir (m)	هاكر
mot (m) de passe	kalimat as sirr (f)	كلمة السرّ
virus (m)	virūs (m)	فيروس
découvrir (détecter)	waʒad	وجد
bit (m)	bayt (m)	بايت

mégabit (m)	miǧabāyt (m)	ميجابايت
données (f pl)	bayānāt (pl)	بيانات
base (f) de données	qaʻidat bayānāt (f)	قاعدة بيانات
câble (m)	kābil (m)	كابل
déconnecter (vt)	faṣal	فصل
connecter (vt)	waṣṣal	وصّل

102. L'Internet. Le courrier électronique

Internet (m)	intirnit (m)	إنترنت
navigateur (m)	mutaṣaffiḥ (m)	متصفح
moteur (m) de recherche	muḥarrik baḥθ (m)	محرّك بحث
fournisseur (m) d'accès	ʃarikat al intirnīt (f)	شركة الإنترنيت
administrateur (m) de site	mudīr al mawqiʻ (m)	مدير الموقع
site (m) web	mawqiʻ iliktrūniy (m)	موقع إلكتروني
page (f) web	ṣafḥat wīb (f)	صفحة ويب
adresse (f)	ʻunwān (m)	عنوان
carnet (m) d'adresses	daftar al ʻanāwīn (m)	دفتر العناوين
boîte (f) de réception	ṣundūq al barīd (m)	صندوق البريد
courrier (m)	barīd (m)	بريد
pleine (adj)	mumtali'	ممتلىء
message (m)	risāla iliktrūniyya (f)	رسالة إلكترونيّة
messages (pl) entrants	rasa'il wārida (pl)	رسائل واردة
messages (pl) sortants	rasa'il ṣādira (pl)	رسائل صادرة
expéditeur (m)	mursil (m)	مرسل
envoyer (vt)	arsal	أرسل
envoi (m)	irsāl (m)	إرسال
destinataire (m)	mursal ilayh (m)	مرسل إليه
recevoir (vt)	istalam	إستلم
correspondance (f)	murāsala (f)	مراسلة
être en correspondance	tarāsal	تراسل
fichier (m)	malaff (m)	ملفّ
télécharger (vt)	ḥammal	حمّل
créer (vt)	anʃa'	أنشأ
supprimer (vt)	masaḥ	مسح
supprimé (adj)	mamsūḥ	ممسوح
connexion (f) (ADSL, etc.)	ittiṣāl (m)	إتّصال
vitesse (f)	surʻa (f)	سرعة
modem (m)	mudim (m)	مودم
accès (m)	wuṣūl (m)	وصول
port (m)	maxraǧ (m)	مخرج
connexion (f) (établir la ~)	ittiṣāl (m)	إتّصال
se connecter à ...	ittaṣal	إتّصل
sélectionner (vt)	ixtār	إختار
rechercher (vt)	baḥaθ	بحث

103. L'électricité

électricité (f)	kahrabā' (m)	كهرباء
électrique (adj)	kahrabā'iy	كهربائيّ
centrale (f) électrique	maḥaṭṭa kahrabā'iyya (f)	محطة كهربائيّة
énergie (f)	ṭāqa (f)	طاقة
énergie (f) électrique	ṭāqa kahrabā'iyya (f)	طاقة كهربائيّة
ampoule (f)	lamba (f)	لمبة
torche (f)	kaʃʃāf an nūr (m)	كشّاف النور
réverbère (m)	'amūd an nūr (m)	عمود النور
lumière (f)	nūr (m)	نور
allumer (vt)	fataḥ, ʃayɣal	فتح، شغّل
éteindre (vt)	ṭaffa	طفّى
éteindre la lumière	ṭaffa n nūr	طفّى النور
être grillé	intafa'	إنطفأ
court-circuit (m)	da'ira kahrabā'iyya qaṣīra (f)	دائرة كهربائيّة قصيرة
rupture (f)	silk maqṭū' (m)	سلك مقطوع
contact (m)	talāmus (m)	تلامس
interrupteur (m)	miftāḥ an nūr (m)	مفتاح النور
prise (f)	barizat al kahrabā' (f)	بريزة الكهرباء
fiche (f)	fīʃat al kahrabā' (f)	فيشة الكهرباء
rallonge (f)	silk tawṣīl (m)	سلك توصيل
fusible (m)	fāṣima (f)	فاصمة
fil (m)	silk (m)	سلك
installation (f) électrique	aslāk (pl)	أسلاك
ampère (m)	ambīr (m)	أمبير
intensité (f) du courant	ʃiddat at tayyār al kahrabā'iy (f)	شدّة التيّار الكهربائيّ
volt (m)	vūlt (m)	فولت
tension (f)	ʒuhd kahrabā'iy (m)	جهد كهربائيّ
appareil (m) électrique	ʒihāz kahrabā'iy (m)	جهاز كهربائيّ
indicateur (m)	mu'aʃʃir (m)	مؤشّر
électricien (m)	kahrabā'iy (m)	كهربائيّ
souder (vt)	laḥam	لحم
fer (m) à souder	adāt laḥm (f)	أداة لحم
courant (m)	tayyār kahrabā'iy (m)	تيّار كهربائيّ

104. Les outils

outil (m)	adāt (f)	أداة
outils (m pl)	adawāt (pl)	أدوات
équipement (m)	mu'addāt (pl)	معدّات
marteau (m)	miṭraqa (f)	مطرقة
tournevis (m)	mifakk (m)	مفكّ

hache (f)	fa's (m)	فأس
scie (f)	minʃār (m)	منشار
scier (vt)	naʃar	نشر
rabot (m)	masḥāʒ (m)	مسحج
raboter (vt)	saḥaʒ	سحج
fer (m) à souder	adāt laḥm (f)	أداة لحم
souder (vt)	laḥam	لحم
lime (f)	mibrad (m)	مبرد
tenailles (f pl)	kammāʃa (f)	كمّاشة
pince (f) plate	zardiyya (f)	زرديّة
ciseau (m)	izmīl (m)	إزميل
foret (m)	luqmat θaqb (m)	لقمة ثقب
perceuse (f)	miθqab (m)	مثقب
percer (vt)	θaqab	ثقب
couteau (m)	sikkīn (m)	سكّين
canif (m)	sikkīn ʒayb (m)	سكّين جيب
lame (f)	ʃafra (f)	شفرة
bien affilé (adj)	ḥādd	حادّ
émoussé (adj)	θālim	ثالم
s'émousser (vp)	taθallam	تثلّم
affiler (vt)	ʃaḥað	شحذ
boulon (m)	mismār qalāwūz (m)	مسمار قلاووظ
écrou (m)	ṣamūla (f)	صامولة
filetage (m)	nazm (m)	نظم
vis (f) à bois	qalāwūz (m)	قلاووظ
clou (m)	mismār (m)	مسمار
tête (f) de clou	ra's al mismār (m)	رأس المسمار
règle (f)	masṭara (f)	مسطرة
mètre (m) à ruban	ʃarīṭ al qiyās (m)	شريط القياس
niveau (m) à bulle	mīzān al mā' (m)	ميزان الماء
loupe (f)	'adasa mukabbira (f)	عدسة مكبّرة
appareil (m) de mesure	ʒihāz qiyās (m)	جهاز قياس
mesurer (vt)	qās	قاس
échelle (f) (~ métrique)	miqyās (m)	مقياس
relevé (m)	qirā'a (f)	قراءة
compresseur (m)	ḍāɣiṭ al ɣāz (m)	ضاغط الغاز
microscope (m)	mikruskūb (m)	ميكروسكوب
pompe (f)	ṭulumba (f)	طلمبة
robot (m)	rūbut (m)	روبوت
laser (m)	layzir (m)	ليزر
clé (f) de serrage	miftāḥ aṣ ṣawāmīl (m)	مفتاح الصواميل
ruban (m) adhésif	lazq (m)	لزق
colle (f)	ṣamɣ (m)	صمغ
papier (m) d'émeri	waraq ṣanfara (m)	ورق صنفرة
ressort (m)	sūsta (f)	سوستة

aimant (m)	miɣnatīs (m)	مغنطيس
gants (m pl)	quffāz (m)	قفاز
corde (f)	ḥabl (m)	حبل
cordon (m)	ḥabl (m)	حبل
fil (m) (~ électrique)	silk (m)	سلك
câble (m)	kābil (m)	كابل
masse (f)	mirzaba (f)	مرزبة
pic (m)	ʿatala (f)	عتلة
escabeau (m)	sullam (m)	سلّم
échelle (f) double	sullam (m)	سلّم
visser (vt)	aḥkam aʃ ʃadd	أحكم الشدّ
dévisser (vt)	fataḥ	فتح
serrer (vt)	kamaʃ	كمش
coller (vt)	alṣaq	ألصق
couper (vt)	qaṭaʿ	قطع
défaut (m)	taʿaṭṭul (m)	تعطّل
réparation (f)	iṣlāḥ (m)	إصلاح
réparer (vt)	aṣlaḥ	أصلح
régler (vt)	ḍabaṭ	ضبط
vérifier (vt)	ixtabar	إختبر
vérification (f)	faḥṣ (m)	فحص
relevé (m)	qirāʾa (f)	قراءة
fiable (machine ~)	matīn	متين
complexe (adj)	murakkab	مركّب
rouiller (vi)	ṣadiʾ	صدئ
rouillé (adj)	ṣadīʾ	صديء
rouille (f)	ṣadaʾ (m)	صدأ

Les transports

105. L'avion

avion (m)	ṭā'ira (f)	طائرة
billet (m) d'avion	taðkirat ṭā'ira (f)	تذكرة طائرة
compagnie (f) aérienne	ʃarikat ṭayarān (f)	شركة طيران
aéroport (m)	maṭār (m)	مطار
supersonique (adj)	xāriq liṣ ṣawt	خارق للصوت
commandant (m) de bord	qā'id aṭ ṭā'ira (m)	قائد الطائرة
équipage (m)	ṭāqim (m)	طاقم
pilote (m)	ṭayyār (m)	طيّار
hôtesse (f) de l'air	muḍīfat ṭayarān (f)	مضيفة طيران
navigateur (m)	mallāḥ (m)	ملّاح
ailes (f pl)	aʒniḥa (pl)	أجنحة
queue (f)	ðayl (m)	ذيل
cabine (f)	kabīna (f)	كابينة
moteur (m)	mutūr (m)	موتور
train (m) d'atterrissage	'aʒalāt al hubūṭ (pl)	عجلات الهبوط
turbine (f)	turbīna (f)	تربينة
hélice (f)	mirwaḥa (f)	مروحة
boîte (f) noire	musaʒʒil aṭ ṭayarān (m)	مسجّل الطيران
gouvernail (m)	'aʒalat qiyāda (f)	عجلة قيادة
carburant (m)	wuqūd (m)	وقود
consigne (f) de sécurité	biṭāqat as salāma (f)	بطاقة السلامة
masque (m) à oxygène	qinā' uksiʒīn (m)	قناع أوكسيجين
uniforme (m)	libās muwaḥḥad (m)	لباس موحّد
gilet (m) de sauvetage	sutrat naʒāt (f)	سترة نجاة
parachute (m)	miẓallat hubūṭ (f)	مظلّة هبوط
décollage (m)	iqlā' (m)	إقلاع
décoller (vi)	aqla'at	أقلعت
piste (f) de décollage	madraʒ aṭ ṭā'irāt (m)	مدرج الطائرات
visibilité (f)	ru'ya (f)	رؤية
vol (m) (~ d'oiseau)	ṭayarān (m)	طيران
altitude (f)	irtifā' (m)	إرتفاع
trou (m) d'air	ʒayb hawā'iy (m)	جيب هوائيّ
place (f)	maq'ad (m)	مقعد
écouteurs (m pl)	sammā'āt ra'siya (pl)	سمّاعات رأسيّة
tablette (f)	ṣīniyya qābila liṭ ṭayy (f)	صينية قابلة للطيّ
hublot (m)	ʃubbāk aṭ ṭā'ira (m)	شبّاك الطائرة
couloir (m)	mamarr (m)	ممرّ

106. Le train

train (m)	qiṭār (m)	قطار
train (m) de banlieue	qiṭār (m)	قطار
TGV (m)	qiṭār sarī' (m)	قطار سريع
locomotive (f) diesel	qāṭirat dīzil (f)	قاطرة ديزل
locomotive (f) à vapeur	qāṭira buxāriyya (f)	قاطرة بخاريّة
wagon (m)	'araba (f)	عربة
wagon-restaurant (m)	'arabat al maṭ'am (f)	عربة المطعم
rails (m pl)	quḍubān (pl)	قضبان
chemin (m) de fer	sikka ḥadīdiyya (f)	سكّة حديديّة
traverse (f)	'āriḍa (f)	عارضة
quai (m)	raṣīf (m)	رصيف
voie (f)	xaṭṭ (m)	خطّ
sémaphore (m)	simafūr (m)	سيمافور
station (f)	maḥaṭṭa (f)	محطّة
conducteur (m) de train	sā'iq (m)	سائق
porteur (m)	ḥammāl (m)	حمّال
steward (m)	mas'ūl 'arabat al qiṭār (m)	مسؤول عربة القطار
passager (m)	rākib (m)	راكب
contrôleur (m) de billets	kamsariy (m)	كمسريّ
couloir (m)	mamarr (m)	ممرّ
frein (m) d'urgence	farāmil aṭ ṭawāri' (pl)	فرامل الطوارئ
compartiment (m)	ɣurfa (f)	غرفة
couchette (f)	sarīr (m)	سرير
couchette (f) d'en haut	sarīr 'ulwiy (m)	سرير علويّ
couchette (f) d'en bas	sarīr sufliy (m)	سرير سفليّ
linge (m) de lit	aɣṭiyat as sarīr (pl)	أغطية السرير
ticket (m)	taðkira (f)	تذكرة
horaire (m)	ʒadwal (m)	جدول
tableau (m) d'informations	lawḥat ma'lūmāt (f)	لوحة معلومات
partir (vi)	ɣādar	غادر
départ (m) (du train)	muɣādara (f)	مغادرة
arriver (le train)	waṣal	وصل
arrivée (f)	wuṣūl (m)	وصول
arriver en train	waṣal bil qiṭār	وصل بالقطار
prendre le train	rakib al qiṭār	ركب القطار
descendre du train	nazil min al qiṭār	نزل من القطار
accident (m) ferroviaire	ḥiṭām qiṭār (m)	حطام قطار
dérailler (vi)	xaraʒ 'an xaṭṭ sayrih	خرج عن خطّ سيره
locomotive (f) à vapeur	qāṭira buxāriyya (f)	قاطرة بخاريّة
chauffeur (m)	'aṭaʃʒiy (m)	عطشجي
chauffe (f)	furn al muḥarrik (m)	فرن المحرّك
charbon (m)	faḥm (m)	فحم

107. Le bateau

bateau (m)	safīna (f)	سفينة
navire (m)	safīna (f)	سفينة
bateau (m) à vapeur	bāxira (f)	باخرة
paquebot (m)	bāxira nahriyya (f)	باخرة نهريّة
bateau (m) de croisière	bāxira siyahiyya (f)	باخرة سياحيّة
croiseur (m)	ṭarrād (m)	طرّاد
yacht (m)	yaxt (m)	يخت
remorqueur (m)	qāṭira (f)	قاطرة
péniche (f)	ṣandal (m)	صندل
ferry (m)	ʿabbāra (f)	عبّارة
voilier (m)	safīna ʃirāʿiyya (f)	سفينة شراعيّة
brigantin (m)	markab ʃirāʿiy (m)	مركب شراعيّ
brise-glace (m)	muḥaṭṭimat ʒalīd (f)	محطّمة جليد
sous-marin (m)	ɣawwāṣa (f)	غوّاصة
canot (m) à rames	markab (m)	مركب
dinghy (m)	zawraq (m)	زورق
canot (m) de sauvetage	qārib naʒāt (m)	قارب نجاة
canot (m) à moteur	lanʃ (m)	لنش
capitaine (m)	qubṭān (m)	قبطان
matelot (m)	baḥḥār (m)	بحّار
marin (m)	baḥḥār (m)	بحّار
équipage (m)	ṭāqim (m)	طاقم
maître (m) d'équipage	raʾīs al baḥḥāra (m)	رئيس البحّارة
mousse (m)	ṣabiy as safīna (m)	صبي السفينة
cuisinier (m) du bord	ṭabbāx (m)	طبّاخ
médecin (m) de bord	ṭabīb as safīna (m)	طبيب السفينة
pont (m)	saṭḥ as safīna (m)	سطح السفينة
mât (m)	sāriya (f)	سارية
voile (f)	ʃirāʿ (m)	شراع
cale (f)	ʿambar (m)	عنبر
proue (f)	muqaddama (m)	مقدّمة
poupe (f)	muʾaxirat as safīna (f)	مؤخرة السفينة
rame (f)	miʒðāf (m)	مجذاف
hélice (f)	mirwaḥa (f)	مروحة
cabine (f)	kabīna (f)	كابينة
carré (m) des officiers	ɣurfat al istirāḥa (f)	غرفة الإستراحة
salle (f) des machines	qism al ʾālāt (m)	قسم الآلات
passerelle (f)	burʒ al qiyāda (m)	برج القيادة
cabine (f) de T.S.F.	ɣurfat al lāsilkiy (f)	غرفة اللاسلكيّ
onde (f)	mawʒa (f)	موجة
journal (m) de bord	siʒil as safīna (m)	سجل السفينة
longue-vue (f)	minzār (m)	منظار
cloche (f)	ʒaras (m)	جرس

pavillon (m)	ʻalam (m)	علم
grosse corde (f) tressée	ḥabl (m)	حبل
nœud (m) marin	ʻuqda (f)	عقدة

rampe (f)	drabizīn (m)	درابزين
passerelle (f)	sullam (m)	سلّم

ancre (f)	mirsāt (f)	مرساة
lever l'ancre	rafaʻ mirsāt	رفع مرساة
jeter l'ancre	rasa	رسا
chaîne (f) d'ancrage	silsilat mirsāt (f)	سلسلة مرساة

port (m)	mīnāʼ (m)	ميناء
embarcadère (m)	marsa (m)	مرسى
accoster (vi)	rasa	رسا
larguer les amarres	aqlaʻ	أقلع

voyage (m) (à l'étranger)	riḥla (f)	رحلة
croisière (f)	riḥla baḥriyya (f)	رحلة بحرية
cap (m) (suivre un ~)	masār (m)	مسار
itinéraire (m)	ṭarīq (m)	طريق

chenal (m)	maʒra milāḥiy (m)	مجرى ملاحيّ
bas-fond (m)	miyāh ḍaḥla (f)	مياه ضحلة
échouer sur un bas-fond	ʒanaḥ	جنح

tempête (f)	ʻāṣifa (f)	عاصفة
signal (m)	iʃāra (f)	إشارة
sombrer (vi)	ɣariq	غرق
Un homme à la mer!	saqaṭ raʒul min as safīna!	سقط رجل من السفينة!
SOS (m)	nidāʼ iɣāθa (m)	نداء إغاثة
bouée (f) de sauvetage	ṭawq naʒāt (m)	طوق نجاة

108. L'aéroport

aéroport (m)	maṭār (m)	مطار
avion (m)	ṭāʼira (f)	طائرة
compagnie (f) aérienne	ʃarikat ṭayarān (f)	شركة طيران
contrôleur (m) aérien	marāqib al ḥaraka al ʒawwiyya (pl)	مراقب الحركة الجويّة

départ (m)	muɣādara (f)	مغادرة
arrivée (f)	wuṣūl (m)	وصول
arriver (par avion)	waṣal	وصل

temps (m) de départ	waqt al muɣādara (m)	وقت المغادرة
temps (m) d'arrivée	waqt al wuṣūl (m)	وقت الوصول

être retardé	taʼaxxar	تأخَّر
retard (m) de l'avion	taʼaxxur ar riḥla (m)	تأخُّر الرحلة

tableau (m) d'informations	lawḥat al maʻlūmāt (f)	لوحة المعلومات
information (f)	istiʻlāmāt (pl)	إستعلامات
annoncer (vt)	aʻlan	أعلن

vol (m)	riḥla (f)	رحلة
douane (f)	ӡamārik (pl)	جمارك
douanier (m)	muwaẓẓaf al ӡamārik (m)	موظف الجمارك
déclaration (f) de douane	taṣrīḥ ӡumrukiy (m)	تصريح جمركيّ
remplir (vt)	mala'	ملأ
remplir la déclaration	mala' at taṣrīḥ	ملأ التصريح
contrôle (m) de passeport	taftīʃ al ӡawāzāt (m)	تفتيش الجوازات
bagage (m)	aʃʃunaṭ (pl)	الشنط
bagage (m) à main	ʃunaṭ al yad (pl)	شنط اليد
chariot (m)	ʻarabat ʃunaṭ (f)	عربة شنط
atterrissage (m)	hubūṭ (m)	هبوط
piste (f) d'atterrissage	mamarr al hubūṭ (m)	ممرّ الهبوط
atterrir (vi)	habaṭ	هبط
escalier (m) d'avion	sullam aṭ ṭā'ira (m)	سلّم الطائرة
enregistrement (m)	tasӡīl (m)	تسجيل
comptoir (m) d'enregistrement	makān at tasӡīl (m)	مكان التسجيل
s'enregistrer (vp)	saӡӡal	سجّل
carte (f) d'embarquement	biṭāqat ṣuʻūd (f)	بطاقة صعود
porte (f) d'embarquement	bawwābat al muɣādara (f)	بوّابة المغادرة
transit (m)	tranzīt (m)	ترانزيت
attendre (vt)	intaẓar	إنتظر
salle (f) d'attente	qāʻat al muɣādara (f)	قاعة المغادرة
raccompagner (à l'aéroport, etc.)	waddaʻ	ودّع
dire au revoir	waddaʻ	ودّع

Les grands événements de la vie

109. Les fêtes et les événements

fête (f)	ʿīd (m)	عيد
fête (f) nationale	ʿīd waṭaniy (m)	عيد وطنيّ
jour (m) férié	yawm al ʿuṭla ar rasmiyya (m)	يوم العطلة الرسمية
fêter (vt)	iḥtafal	إحتفل
événement (m) (~ du jour)	ḥadaθ (m)	حدث
événement (m) (soirée, etc.)	munāsaba (f)	مناسبة
banquet (m)	walīma (f)	وليمة
réception (f)	ḥaflat istiqbāl (f)	حفلة إستقبال
festin (m)	walīma (f)	وليمة
anniversaire (m)	ðikra sanawiyya (f)	ذكرى سنويّة
jubilé (m)	yubīl (m)	يوبيل
célébrer (vt)	iḥtafal	إحتفل
Nouvel An (m)	ra's as sana (m)	رأس السنة
Bonne année!	kull sana wa anta ṭayyib!	كلّ سنة وأنت طيّب!
Père Noël (m)	baba nuwīl (m)	بابا نويل
Noël (m)	ʿīd al mīlād (m)	عيد الميلاد
Joyeux Noël!	ʿīd mīlād saʿīd!	عيد ميلاد سعيد!
arbre (m) de Noël	ʃaʒarat ra's as sana (f)	شجرة رأس السنة
feux (m pl) d'artifice	alʿāb nāriyya (pl)	ألعاب ناريّة
mariage (m)	zifāf (m)	زفاف
fiancé (m)	ʿarīs (m)	عريس
fiancée (f)	ʿarūsa (f)	عروسة
inviter (vt)	daʿa	دعا
lettre (f) d'invitation	biṭāqat daʿwa (f)	بطاقة دعوة
invité (m)	ḍayf (m)	ضيف
visiter (~ les amis)	zār	زار
accueillir les invités	istaqbal aḍ ḍuyūf	إستقبل الضيوف
cadeau (m)	hadiyya (f)	هديّة
offrir (un cadeau)	qaddam	قدّم
recevoir des cadeaux	istalam al hadāya	إستلم الهدايا
bouquet (m)	bāqat zuhūr (f)	باقة زهور
félicitations (f pl)	tahniʾa (f)	تهنئة
féliciter (vt)	hannaʾ	هنّأ
carte (f) de vœux	biṭāqat tahniʾa (f)	بطاقة تهنئة
envoyer une carte	arsal biṭāqat tahniʾa	أرسل بطاقة تهنئة
recevoir une carte	istalam biṭāqat tahniʾa	إستلم بطاقة تهنئة

toast (m)	naxb (m)	نخب
offrir (un verre, etc.)	ḍayyaf	ضيّف
champagne (m)	ʃambāniya (f)	شمبانيا
s'amuser (vp)	istamtaʻ	إستمتع
gaieté (f)	faraḥ (m)	فرح
joie (f) (émotion)	saʻāda (f)	سعادة
danse (f)	rāqiṣa (f)	رقصة
danser (vi, vt)	raqaṣ	رقص
valse (f)	vāls (m)	فالس
tango (m)	tāngu (m)	تانجو

110. L'enterrement. Le deuil

cimetière (m)	maqbara (f)	مقبرة
tombe (f)	qabr (m)	قبر
croix (f)	ṣalīb (m)	صليب
pierre (f) tombale	ʃāhid al qabr (m)	شاهد القبر
clôture (f)	sūr (m)	سور
chapelle (f)	kanīsa saɣīra (f)	كنيسة صغيرة
mort (f)	mawt (m)	موت
mourir (vi)	māt	مات
défunt (m)	al mutawaffi (m)	المتوفّي
deuil (m)	ḥidād (m)	حداد
enterrer (vt)	dafan	دفن
maison (f) funéraire	bayt al ʒanāzāt (m)	بيت الجنازات
enterrement (m)	ʒanāza (f)	جنازة
couronne (f)	iklīl (m)	إكليل
cercueil (m)	tābūt (m)	تابوت
corbillard (m)	sayyārat naql al mawta (f)	سيّارة نقل الموتى
linceul (m)	kafan (m)	كفن
cortège (m) funèbre	ʒanāza (f)	جنازة
urne (f) funéraire	qārūra li ḥifẓ ramād al mawta	قارورة لحفظ رماد الموتى
crématoire (m)	maḥraqat ʒuθaθ al mawta (f)	محرقة جثث الموتى
nécrologue (m)	naʻiy (m)	نعيّ
pleurer (vi)	baka	بكى
sangloter (vi)	naḥab	نحب

111. La guerre. Les soldats

section (f)	faṣīla (f)	فصيلة
compagnie (f)	sariyya (f)	سريّة
régiment (m)	fawʒ (m)	فوج
armée (f)	ʒayʃ (m)	جيش

division (f)	firqa (f)	فرقة
détachement (m)	waḥda (f)	وحدة
armée (f) (Moyen Âge)	ʒayʃ (m)	جيش
soldat (m) (un militaire)	ʒundiy (m)	جندي
officier (m)	ḍābiṭ (m)	ضابط
soldat (m) (grade)	ʒundiy (m)	جندي
sergent (m)	raqīb (m)	رقيب
lieutenant (m)	mulāzim (m)	ملازم
capitaine (m)	naqīb (m)	نقيب
commandant (m)	rāʼid (m)	رائد
colonel (m)	ʻaqīd (m)	عقيد
général (m)	ʒinirāl (m)	جنرال
marin (m)	baḥḥār (m)	بحّار
capitaine (m)	qubṭān (m)	قبطان
maître (m) d'équipage	raʼīs al baḥḥāra (m)	رئيس البحّارة
artilleur (m)	madfaʻiy (m)	مدفعي
parachutiste (m)	ʒundiy al maʒallāt (m)	جندي المظلّلات
pilote (m)	ṭayyār (m)	طيّار
navigateur (m)	mallāḥ (m)	ملّاح
mécanicien (m)	mikanīkiy (m)	ميكانيكي
démineur (m)	muhandis ʻaskariy (m)	مهندس عسكري
parachutiste (m)	miʒalliy (m)	مظلّي
éclaireur (m)	mustakʃif (m)	مستكشف
tireur (m) d'élite	qannāṣ (m)	قنّاص
patrouille (f)	dawriyya (f)	دوريّة
patrouiller (vi)	qām bi dawriyya	قام بدوريّة
sentinelle (f)	ḥāris (m)	حارس
guerrier (m)	muḥārib (m)	محارب
patriote (m)	waṭaniy (m)	وطني
héros (m)	baṭal (m)	بطل
héroïne (f)	baṭala (f)	بطلة
traître (m)	χāʼin (m)	خائن
trahir (vt)	χān	خان
déserteur (m)	hārib min al ʒayʃ (m)	هارب من الجيش
déserter (vt)	harab min al ʒayʃ	هرب من الجيش
mercenaire (m)	maʼʒūr (m)	مأجور
recrue (f)	ʒundiy ʒadīd (m)	جندي جديد
volontaire (m)	mutaṭawwiʻ (m)	متطوّع
mort (m)	qatīl (m)	قتيل
blessé (m)	ʒarīḥ (m)	جريح
prisonnier (m) de guerre	asīr (m)	أسير

112. La guerre. Partie 1

guerre (f)	ḥarb (f)	حرب
faire la guerre	ḥārab	حارب

guerre (f) civile	ḥarb ahliyya (f)	حرب أهليّة
perfidement (adv)	ɣadran	غدرًا
déclaration (f) de guerre	iʻlān ḥarb (m)	إعلان حرب
déclarer (la guerre)	aʻlan	أعلن
agression (f)	ʻudwān (m)	عدوان
attaquer (~ un pays)	haʒam	هجم
envahir (vt)	iḥtall	إحتلَّ
envahisseur (m)	muḥtall (m)	محتلّ
conquérant (m)	fātiḥ (m)	فاتح
défense (f)	difāʻ (m)	دفاع
défendre (vt)	dāfaʻ	دافع
se défendre (vp)	dāfaʻ ʻan nafsih	دافع عن نفسه
ennemi (m)	ʻaduww (m)	عدوّ
adversaire (m)	xaṣm (m)	خصم
ennemi (adj) (territoire ~)	ʻaduww	عدوّ
stratégie (f)	istratiʒiyya (f)	إستراتيجيّة
tactique (f)	taktīk (m)	تكتيك
ordre (m)	amr (m)	أمر
commande (f)	amr (m)	أمر
ordonner (vt)	amar	أمر
mission (f)	muhimma (f)	مهمّة
secret (adj)	sirriy	سرّيّ
bataille (f)	maʻraka (f)	معركة
combat (m)	qitāl (m)	قتال
attaque (f)	huʒūm (m)	هجوم
assaut (m)	inqiḍāḍ (m)	إنقضاض
prendre d'assaut	inqaḍḍ	إنقضّ
siège (m)	ḥiṣār (m)	حصار
offensive (f)	huʒūm (m)	هجوم
passer à l'offensive	haʒam	هجم
retraite (f)	insiḥāb (m)	إنسحاب
faire retraite	insaḥab	إنسحب
encerclement (m)	iḥāṭa (f)	إحاطة
encercler (vt)	aḥāṭ	أحاط
bombardement (m)	qaṣf (m)	قصف
lancer une bombe	asqaṭ qumbula	أسقط قنبلة
bombarder (vt)	qaṣaf	قصف
explosion (f)	infiʒār (m)	إنفجار
coup (m) de feu	ṭalaqa (f)	طلقة
tirer un coup de feu	aṭlaq an nār	أطلق النار
fusillade (f)	iṭlāq an nār (m)	إطلاق النار
viser ... (cible)	ṣawwab	صوّب
pointer (sur ...)	ṣawwab	صوّب

atteindre (cible)	aṣāb al hadaf	أصاب الهدف
faire sombrer	aɣraq	أغرق
trou (m) (dans un bateau)	θuqb (m)	ثقب
sombrer (navire)	ɣariq	غرق
front (m)	ʒabha (f)	جبهة
évacuation (f)	iχlā' aṭ ṭawāri' (m)	إخلاء الطوارئ
évacuer (vt)	aχla	أخلى
tranchée (f)	χandaq (m)	خندق
barbelés (m pl)	aslāk ʃā'ika (pl)	أسلاك شائكة
barrage (m) (~ antichar)	ḥāʒiz (m)	حاجز
tour (f) de guet	burʒ muraqaba (m)	برج مراقبة
hôpital (m)	mustaʃfa 'askariy (m)	مستشفى عسكريّ
blesser (vt)	ʒaraḥ	جرح
blessure (f)	ʒurḥ (m)	جرح
blessé (m)	ʒarīḥ (m)	جريح
être blessé	uṣīb bil ʒirāḥ	أصيب بالجراح
grave (blessure)	χaṭīr	خطير

113. La guerre. Partie 2

captivité (f)	asr (m)	أسر
captiver (vt)	asar	أسر
être prisonnier	kān asīran	كان أسيرًا
être fait prisonnier	waqaʻ fil asr	وقع في الأسر
camp (m) de concentration	muʻaskar iʻtiqāl (m)	معسكر إعتقال
prisonnier (m) de guerre	asīr (m)	أسير
s'enfuir (vp)	harab	هرب
trahir (vt)	χān	خان
traître (m)	χā'in (m)	خائن
trahison (f)	χiyāna (f)	خيانة
fusiller (vt)	a'dam ramyan bir raṣāṣ	أعدم رميًا بالرصاص
fusillade (f) (exécution)	i'dām ramyan bir raṣāṣ (m)	إعدام رميًا بالرصاص
équipement (m) (uniforme, etc.)	al 'itād al 'askariy (m)	العتاد العسكريّ
épaulette (f)	katāfa (f)	كتافة
masque (m) à gaz	qinā' al ɣāz (m)	قناع الغاز
émetteur (m) radio	ʒihāz lāsilkiy (m)	جهاز لاسلكيّ
chiffre (m) (code)	ʃifra (f)	شفرة
conspiration (f)	sirriyya (f)	سرّية
mot (m) de passe	kalimat al murūr (f)	كلمة مرور
mine (f) terrestre	laɣm (m)	لغم
miner (poser des mines)	laɣɣam	لغّم
champ (m) de mines	ḥaql alɣām (m)	حقل ألغام
alerte (f) aérienne	inðār ʒawwiy (m)	إنذار جويّ
signal (m) d'alarme	inðār (m)	إنذار

signal (m)	išāra (f)	إشارة
fusée signal (f)	išāra muḍīʿa (f)	إشارة مضيئة
état-major (m)	maqarr (m)	مَقَرّ
reconnaissance (f)	kaššāfat al istiṭlāʿ (f)	كشافة الإستطلاع
situation (f)	waḍʿ (m)	وضع
rapport (m)	taqrīr (m)	تقرير
embuscade (f)	kamīn (m)	كمين
renfort (m)	imdādāt ʿaskariyya (pl)	إمدادات عسكريّة
cible (f)	hadaf (m)	هدف
polygone (m)	ḥaql tağārib (m)	حقل تجارب
manœuvres (f pl)	munāwarāt ʿaskariyya (pl)	مناورات عسكريّة
panique (f)	ðuʿr (m)	ذعر
dévastation (f)	damār (m)	دمار
destructions (f pl) (ruines)	ḥiṭām (pl)	حطام
détruire (vt)	dammar	دمّر
survivre (vi)	nağa	نجا
désarmer (vt)	ǧarrad min as silāḥ	جرّد من السلاح
manier (une arme)	istaʿmal	إستعمل
Garde-à-vous! Fixe!	intibāh!	إنتباه!
Repos!	istariḥ!	إسترح!
exploit (m)	maʾṯara (f)	مأثرة
serment (m)	qasam (m)	قسم
jurer (de faire qch)	aqsam	أقسم
décoration (f)	wisām (m)	وسام
décorer (de la médaille)	manaḥ	منح
médaille (f)	midāliyya (f)	ميداليّة
ordre (m) (~ du Mérite)	wisām ʿaskariy (m)	وسام عسكريّ
victoire (f)	intiṣār - fawz (m)	إنتصار, فوز
défaite (f)	hazīma (f)	هزيمة
armistice (m)	hudna (f)	هدنة
drapeau (m)	rāyat al maʿraka (f)	راية المعركة
gloire (f)	mağd (m)	مجد
défilé (m)	istiʿrāḍ ʿaskariy (m)	إستعراض عسكريّ
marcher (défiler)	sār	سار

114. Les armes

arme (f)	asliḥa (pl)	أسلحة
armes (f pl) à feu	asliḥa nāriyya (pl)	أسلحة ناريّة
armes (f pl) blanches	asliḥa bayḍāʾ (pl)	أسلحة بيضاء
arme (f) chimique	asliḥa kīmyāʾiyya (pl)	أسلحة كيميائيّة
nucléaire (adj)	nawawiy	نوويّ
arme (f) nucléaire	asliḥa nawawiyya (pl)	أسلحة نوويّة
bombe (f)	qumbula (f)	قنبلة

bombe (f) atomique	qumbula nawawiyya (f)	قنبلة نوويّة
pistolet (m)	musaddas (m)	مسدّس
fusil (m)	bunduqiyya (f)	بندقيّة
mitraillette (f)	bunduqiyya huʒūmiyya (f)	بندقيّة هجوميّة
mitrailleuse (f)	raʃʃāʃ (m)	رشّاش
bouche (f)	fūha (f)	فوهة
canon (m)	sabṭāna (f)	سبطانة
calibre (m)	ʿiyār (m)	عيار
gâchette (f)	zinād (m)	زناد
mire (f)	muṣawwib (m)	مصوّب
magasin (m)	maχzan (m)	مخزن
crosse (f)	ʿaqab al bunduqiyya (m)	عقب البندقيّة
grenade (f) à main	qumbula yadawiyya (f)	قنبلة يدويّة
explosif (m)	mawādd mutafaʒʒira (pl)	موادّ متفجّرة
balle (f)	ruṣāṣa (f)	رصاصة
cartouche (f)	χarṭūʃa (f)	خرطوشة
charge (f)	haʃwa (f)	حشوة
munitions (f pl)	ðaχāʾir (pl)	ذخائر
bombardier (m)	qāðifat qanābil (f)	قاذفة قنابل
avion (m) de chasse	ṭāʾira muqātila (f)	طائرة مقاتلة
hélicoptère (m)	hiliukūbtir (m)	هليكوبتر
pièce (f) de D.C.A.	madfaθ muḍādd liṭ ṭaʾirāṭ (m)	مدفع مضادّ للطائرات
char (m)	dabbāba (f)	دبّابة
canon (m) d'un char	madfaʿ ad dabbāba (m)	مدفع الدبّابة
artillerie (f)	madfaʿiyya (f)	مدفعيّة
canon (m)	madfaʿ (m)	مدفع
pointer (~ l'arme)	ṣawwab	صوّب
obus (m)	qaðīfa (f)	قذيفة
obus (m) de mortier	qumbula hāwun (f)	قنبلة هاون
mortier (m)	hāwun (m)	هاون
éclat (m) d'obus	ʃaẓiyya (f)	شظيّة
sous-marin (m)	ɣawwāṣa (f)	غوّاصة
torpille (f)	ṭurbīd (m)	طوربيد
missile (m)	ṣārūχ (m)	صاروخ
charger (arme)	haʃa	حشا
tirer (vi)	aṭlaq an nār	أطلق النار
viser ... (cible)	ṣawwab	صوّب
baïonnette (f)	harba (f)	حربة
épée (f)	ʃīʃ (m)	شيش
sabre (m)	sayf munhani (m)	سيف منحن
lance (f)	rumh (m)	رمح
arc (m)	qaws (m)	قوس
flèche (f)	sahm (m)	سهم
mousquet (m)	muskīt (m)	مسكيت
arbalète (f)	qaws mustaʿraḍ (m)	قوس مستعرض

115. Les hommes préhistoriques

primitif (adj)	bidā'iy	بدائيّ
préhistorique (adj)	ma qabl at tarīχ	ما قبل التاريخ
ancien (adj)	qadīm	قديم
Âge (m) de pierre	al 'aṣr al ḥaӡariy (m)	العصر الحجريّ
Âge (m) de bronze	al 'aṣr al brunziy (m)	العصر البرونزيّ
période (f) glaciaire	al 'aṣr al ӡalīdiy (m)	العصر الجليديّ
tribu (f)	qabīla (f)	قبيلة
cannibale (m)	'ākil laḥm al baʃar (m)	آكل لحم البشر
chasseur (m)	ṣayyād (m)	صيّاد
chasser (vi, vt)	iṣṭād	إصطاد
mammouth (m)	mamūθ (m)	ماموث
caverne (f)	kahf (m)	كهف
feu (m)	nār (f)	نار
feu (m) de bois	nār muχayyam (m)	نار مخيّم
dessin (m) rupestre	rasm fil kahf (m)	رسم في الكهف
outil (m)	adāt (f)	أداة
lance (f)	rumḥ (m)	رمح
hache (f) en pierre	fa's ḥaӡariy (m)	فأس حجريّ
faire la guerre	ḥārab	حارب
domestiquer (vt)	daӡӡan	دجن
idole (f)	ṣanam (m)	صنم
adorer, vénérer (vt)	'abad	عبد
superstition (f)	χurāfa (f)	خرافة
rite (m)	mansak (m)	منسك
évolution (f)	taṭawwur (m)	تطوّر
développement (m)	numuww (m)	نموّ
disparition (f)	iχtifā' (m)	إختفاء
s'adapter (vp)	takayyaf	تكيّف
archéologie (f)	'ilm al 'āθār (m)	علم الآثار
archéologue (m)	'ālim'āθār (m)	عالم آثار
archéologique (adj)	aθariy	أثريّ
site (m) d'excavation	mawqi' ḥafr (m)	موقع حفر
fouilles (f pl)	tanqīb (m)	تنقيب
trouvaille (f)	iktiʃāf (m)	إكتشاف
fragment (m)	qiṭ'a (f)	قطعة

116. Le Moyen Âge

peuple (m)	ʃa'b (m)	شعب
peuples (m pl)	ʃu'ūb (pl)	شعوب
tribu (f)	qabīla (f)	قبيلة
tribus (f pl)	qabā'il (pl)	قبائل
Barbares (m pl)	al barābira (pl)	البرابرة

Français	Translittération	العربية
Gaulois (m pl)	al ɣalyūn (pl)	الغاليون
Goths (m pl)	al qūṭiyyūn (pl)	القوطيّون
Slaves (m pl)	as silāf (pl)	السلاف
Vikings (m pl)	al vaykinɣ (pl)	الفايكينغ
Romains (m pl)	ar rūmān (pl)	الرومان
romain (adj)	rumāniy	رومانيّ
byzantins (m pl)	bizanṭiyyūn (pl)	بيزنطيّون
Byzance (f)	bīzanṭa (f)	بيزنطة
byzantin (adj)	bizanṭiy	بيزنطيّ
empereur (m)	imbiraṭūr (m)	إمبراطور
chef (m)	za'īm (m)	زعيم
puissant (adj)	qawiy	قويّ
roi (m)	malik (m)	ملك
gouverneur (m)	ḥākim (m)	حاكم
chevalier (m)	fāris (m)	فارس
féodal (m)	iqṭā'iy (m)	إقطاعيّ
féodal (adj)	iqṭā'iy	إقطاعيّ
vassal (m)	muqṭa' (m)	مقطع
duc (m)	dūq (m)	دوق
comte (m)	īrl (m)	إيرل
baron (m)	barūn (m)	بارون
évêque (m)	usquf (m)	أسقف
armure (f)	dir' (m)	درع
bouclier (m)	turs (m)	ترس
glaive (m)	sayf (m)	سيف
visière (f)	ḥāffa amāmiyya lil χūða (f)	حافة أماميّة للخوذة
cotte (f) de mailles	dir' az zarad (m)	درع الزرد
croisade (f)	ḥamla ṣalībiyya (f)	حملة صليبيّة
croisé (m)	ṣalībiy (m)	صليبي
territoire (m)	arḍ (f)	أرض
attaquer (~ un pays)	haʒam	هجم
conquérir (vt)	fataḥ	فتح
occuper (envahir)	iḥtall	إحتلّ
siège (m)	ḥiṣār (m)	حصار
assiégé (adj)	muḥāṣar	محاصر
assiéger (vt)	ḥāṣar	حاصر
inquisition (f)	maḥākim at taftīʃ (pl)	محاكم التفتيش
inquisiteur (m)	mufattiʃ (m)	مفتّش
torture (f)	ta'ðīb (m)	تعذيب
cruel (adj)	qās	قاس
hérétique (m)	harṭūqiy (m)	هرطوقيّ
hérésie (f)	harṭaqa (f)	هرطقة
navigation (f) en mer	as safar bil baḥr (m)	السفر بالبحر
pirate (m)	qurṣān (m)	قرصان
piraterie (f)	qarṣana (f)	قرصنة

abordage (m)	muhāʒmat safīna (f)	مهاجمة سفينة
butin (m)	ɣanīma (f)	غنيمة
trésor (m)	kunūz (pl)	كنوز
découverte (f)	iktiʃāf (m)	إكتشاف
découvrir (vt)	iktaʃaf	إكتشف
expédition (f)	ba'θa (f)	بعثة
mousquetaire (m)	fāris (m)	فارس
cardinal (m)	kardināl (m)	كاردينال
héraldique (f)	ʃi'ārāt an nabāla (pl)	شعارات النبالة
héraldique (adj)	χāṣṣ bi ʃi'ārāt an nabāla	خاصّ بشعارات النبالة

117. Les dirigeants. Les responsables. Les autorités

roi (m)	malik (m)	ملك
reine (f)	malika (f)	ملكة
royal (adj)	malakiy	ملكيّ
royaume (m)	mamlaka (f)	مملكة
prince (m)	amīr (m)	أمير
princesse (f)	amīra (f)	أميرة
président (m)	ra'īs (m)	رئيس
vice-président (m)	nā'ib ar ra'īs (m)	نائب الرئيس
sénateur (m)	'uḍw maʒlis aʃ ʃuyūχ (m)	عضو مجلس الشيوخ
monarque (m)	'āhil (m)	عاهل
gouverneur (m)	ḥākim (m)	حاكم
dictateur (m)	diktatūr (m)	ديكتاتور
tyran (m)	ṭāɣiya (f)	طاغية
magnat (m)	ra'smāliy kabīr (m)	رأسمالي كبير
directeur (m)	mudīr (m)	مدير
chef (m)	ra'īs (m)	رئيس
gérant (m)	mudīr (m)	مدير
boss (m)	ra'īs (m), mudīr (m)	رئيس، مدير
patron (m)	ṣāḥib (m)	صاحب
leader (m)	za'īm (m)	زعيم
chef (m) (~ d'une délégation)	ra'īs (m)	رئيس
autorités (f pl)	suluṭāt (pl)	سلطات
supérieurs (m pl)	ru'asā' (pl)	رؤساء
gouverneur (m)	muḥāfiẓ (m)	محافظ
consul (m)	qunṣul (m)	قنصل
diplomate (m)	diblumāsiy (m)	دبلوماسيّ
maire (m)	ra'īs al baladiyya (m)	رئيس البلديّة
shérif (m)	ʃarīf (m)	شريف
empereur (m)	imbiraṭūr (m)	إمبراطور
tsar (m)	qayṣar (m)	قيصر
pharaon (m)	fir'awn (m)	فرعون
khan (m)	χān (m)	خان

118. Les crimes. Les criminels. Partie 1

bandit (m)	qāṭi' ṭarīq (m)	قاطع طريق
crime (m)	ʒarīma (f)	جريمة
criminel (m)	muʒrim (m)	مجرم
voleur (m)	sāriq (m)	سارق
voler (qch à qn)	saraq	سرق
vol (m)	sirqa (f)	سرقة
kidnapper (vt)	χaṭaf	خطف
kidnapping (m)	χaṭf (m)	خطف
kidnappeur (m)	χāṭif (m)	خاطف
rançon (f)	fidya (f)	فدية
exiger une rançon	ṭalab fidya	طلب فدية
cambrioler (vt)	nahab	نهب
cambriolage (m)	nahb (m)	نهب
cambrioleur (m)	nahhāb (m)	نهاب
extorquer (vt)	balṭaʒ	بلطج
extorqueur (m)	balṭaʒiy (m)	بلطجي
extorsion (f)	balṭaʒa (f)	بلطجة
tuer (vt)	qatal	قتل
meurtre (m)	qatl (m)	قتل
meurtrier (m)	qātil (m)	قاتل
coup (m) de feu	ṭalaqat nār (f)	طلقة نار
tirer un coup de feu	aṭlaq an nār	أطلق النار
abattre (par balle)	qatal bir ruṣāṣ	قتل بالرصاص
tirer (vi)	aṭlaq an nār	أطلق النار
coups (m pl) de feu	iṭlāq an nār (m)	إطلاق النار
incident (m)	ḥādiθ (m)	حادث
bagarre (f)	'irāk (m)	عراك
Au secours!	sā'idni	ساعدني!
victime (f)	ḍaḥiyya (f)	ضحية
endommager (vt)	atlaf	أتلف
dommage (m)	χasāra (f)	خسارة
cadavre (m)	ʒuθθa (f)	جثة
grave (~ crime)	'anīf	عنيف
attaquer (vt)	haʒam	هجم
battre (frapper)	ḍarab	ضرب
passer à tabac	ḍarab	ضرب
prendre (voler)	salab	سلب
poignarder (vt)	ṭa'an hatta al mawt	طعن حتى الموت
mutiler (vt)	ʃawwah	شوه
blesser (vt)	ʒarah	جرح
chantage (m)	balṭaʒa (f)	بلطجة
faire chanter	ibtazz	إبتز

maître (m) chanteur	mubtazz (m)	مبتز
racket (m) de protection	naṣb (m)	نصب
racketteur (m)	naṣṣāb (m)	نصّاب
gangster (m)	raʒul 'iṣāba (m)	رجل عصابة
mafia (f)	māfia (f)	مافيا
pickpocket (m)	naʃʃāl (m)	نشّال
cambrioleur (m)	liṣṣ buyūt (m)	لصّ بيوت
contrebande (f) (trafic)	tahrīb (m)	تهريب
contrebandier (m)	muharrib (m)	مهرّب
contrefaçon (f)	tazwīr (m)	تزوير
falsifier (vt)	zawwar	زوّر
faux (falsifié)	muzawwar	مزوّر

119. Les crimes. Les criminels. Partie 2

viol (m)	iɣtiṣāb (m)	إغتصاب
violer (vt)	iɣtaṣab	إغتصب
violeur (m)	muɣtaṣib (m)	مغتصب
maniaque (m)	mahwūs (m)	مهووس
prostituée (f)	'āhira (f)	عاهرة
prostitution (f)	daʿāra (f)	دعارة
souteneur (m)	qawwād (m)	قوّاد
drogué (m)	mudmin muχaddirāt (m)	مدمن مخدّرات
trafiquant (m) de drogue	tāʒir muχaddirāt (m)	تاجر مخدّرات
faire exploser	faʒʒar	فجّر
explosion (f)	infiʒār (m)	إنفجار
mettre feu	aʃʿal an nār	أشعل النار
incendiaire (m)	muʃʿil ḥarīq (m)	مشعل حريق
terrorisme (m)	irhāb (m)	إرهاب
terroriste (m)	irhābiy (m)	إرهابي
otage (m)	rahīna (m)	رهينة
escroquer (vt)	iḥtāl	إحتال
escroquerie (f)	iḥtiyāl (m)	إحتيال
escroc (m)	muḥtāl (m)	محتال
soudoyer (vt)	raʃa	رشا
corruption (f)	irtiʃā' (m)	إرتشاء
pot-de-vin (m)	raʃwa (f)	رشوة
poison (m)	samm (m)	سمّ
empoisonner (vt)	sammam	سمّم
s'empoisonner (vp)	sammam nafsahu	سمّم نفسه
suicide (m)	intiḥār (m)	إنتحار
suicidé (m)	muntaḥir (m)	منتحر
menacer (vt)	haddad	هدّد
menace (f)	tahdīd (m)	تهديد

attenter (vt)	ḥāwal iχtiyāl	حاول الإغتيال
attentat (m)	muḥāwalat iχtiyāl (f)	محاولة إغتيال
voler (un auto)	saraq	سرق
détourner (un avion)	iχtaṭaf	إختطف
vengeance (f)	intiqām (m)	إنتقام
se venger (vp)	intaqam	إنتقم
torturer (vt)	ʿaððab	عذّب
torture (f)	taʿðīb (m)	تعذيب
tourmenter (vt)	ʿaððab	عذّب
pirate (m)	qurṣān (m)	قرصان
voyou (m)	wabaʃ (m)	وبش
armé (adj)	musallaḥ	مسلّح
violence (f)	ʿunf (m)	عنف
illégal (adj)	ɣayr qānūniy	غير قانونيّ
espionnage (m)	taʒassas (m)	تجسّس
espionner (vt)	taʒassas	تجسّس

120. La police. La justice. Partie 1

justice (f)	qaḍāʾ (m)	قضاء
tribunal (m)	maḥkama (f)	محكمة
juge (m)	qāḍi (m)	قاض
jury (m)	muḥallafūn (pl)	محلّفون
cour (f) d'assises	qaḍāʾ al muḥallafīn (m)	قضاء المحلّفين
juger (vt)	ḥakam	حكم
avocat (m)	muḥāmi (m)	محام
accusé (m)	muddaʿa ʿalayh (m)	مدّعى عليه
banc (m) des accusés	qafṣ al ittihām (m)	قفص الإتّهام
inculpation (f)	ittihām (m)	إتّهام
inculpé (m)	muttaham (m)	متّهم
condamnation (f)	ḥukm (m)	حكم
condamner (vt)	ḥakam	حكم
coupable (m)	muðnib (m)	مذنب
punir (vt)	ʿāqab	عاقب
punition (f)	ʿuqūba (f), ʿiqāb (m)	عقوبة، عقاب
amende (f)	ɣarāma (f)	غرامة
détention (f) à vie	siʒn mada al ḥayāt (m)	سجن مدى الحياة
peine (f) de mort	ʿuqūbat ʾiʿdām (f)	عقوبة إعدام
chaise (f) électrique	kursiy kaharabāʾiy (m)	كرسيّ كهربائيّ
potence (f)	maʃnaqa (f)	مشنقة
exécuter (vt)	aʿdam	أعدم
exécution (f)	iʿdām (m)	إعدام

prison (f)	siʒn (m)	سجن
cellule (f)	zinzāna (f)	زنزانة
escorte (f)	ḥirāsa (f)	حراسة
gardien (m) de prison	ḥāris siʒn (m)	حارس سجن
prisonnier (m)	saʒīn (m)	سجين
menottes (f pl)	aṣfād (pl)	أصفاد
mettre les menottes	ṣaffad	صفّد
évasion (f)	hurūb min as siʒn (m)	هروب من السجن
s'évader (vp)	harab	هرب
disparaître (vi)	iχtafa	إختفى
libérer (vt)	aχla sabīl	أخلى سبيل
amnistie (f)	'afw 'āmm (m)	عفو عام
police (f)	ʃurṭa (f)	شرطة
policier (m)	ʃurṭiy (m)	شرطيّ
commissariat (m) de police	qism ʃurṭa (m)	قسم شرطة
matraque (f)	hirāwat aʃ ʃurṭiy (f)	هراوة الشرطيّ
haut parleur (m)	būq (m)	بوق
voiture (f) de patrouille	sayyārat dawriyyāt (f)	سيارة دوريّات
sirène (f)	ṣaffārat inðār (f)	صفّارة إنذار
enclencher la sirène	aṭlaq sirīna	أطلق سرينة
hurlement (m) de la sirène	ṣawt sirīna (m)	صوت سرينة
lieu (m) du crime	masraḥ al ʒarīma (m)	مسرح الجريمة
témoin (m)	ʃāhid (m)	شاهد
liberté (f)	ḥurriyya (f)	حريّة
complice (m)	ʃarīk fil ʒarīma (m)	شريك في الجريمة
s'enfuir (vp)	harab	هرب
trace (f)	aθar (m)	أثر

121. La police. La justice. Partie 2

recherche (f)	baḥθ (m)	بحث
rechercher (vt)	baḥaθ	بحث
suspicion (f)	ʃubha (f)	شبهة
suspect (adj)	maʃbūh	مشبوه
arrêter (dans la rue)	awqaf	أوقف
détenir (vt)	i'taqal	إعتقل
affaire (f) (~ pénale)	qaḍiyya (f)	قضيّة
enquête (f)	taḥqīq (m)	تحقيق
détective (m)	muḥaqqiq (m)	محقّق
enquêteur (m)	mufattiʃ (m)	مفتّش
hypothèse (f)	riwāya (f)	رواية
motif (m)	dāfi' (m)	دافع
interrogatoire (m)	istiʒwāb (m)	إستجواب
interroger (vt)	istaʒwab	إستجوب
interroger (~ les voisins)	istanṭaq	إستنطق
inspection (f)	faḥṣ (m)	فحص

rafle (f)	ʒamʿ (m)	جمع
perquisition (f)	taftīʃ (m)	تفتيش
poursuite (f)	muṭārada (f)	مطاردة
poursuivre (vt)	ṭārad	طارد
dépister (vt)	tābaʿ	تابع
arrestation (f)	iʿtiqāl (m)	إعتقال
arrêter (vt)	iʿtaqal	إعتقل
attraper (~ un criminel)	qabaḍ	قبض
capture (f)	qabḍ (m)	قبض
document (m)	waθīqa (f)	وثيقة
preuve (f)	dalīl (m)	دليل
prouver (vt)	aθbat	أثبت
empreinte (f) de pied	baṣma (f)	بصمة
empreintes (f pl) digitales	baṣamāt al aṣābiʿ (pl)	بصمات الأصابع
élément (m) de preuve	dalīl (m)	دليل
alibi (m)	dafʿ bil ɣayba (f)	دفع بالغيبة
innocent (non coupable)	barīʾ	بريء
injustice (f)	ẓulm (m)	ظلم
injuste (adj)	ɣayr ʿādil	غير عادل
criminel (adj)	iʒrāmiy	إجراميّ
confisquer (vt)	ṣādar	صادر
drogue (f)	muxaddirāt (pl)	مخدّرات
arme (f)	silāḥ (m)	سلاح
désarmer (vt)	ʒarrad min as silāḥ	جرّد من السلاح
ordonner (vt)	amar	أمر
disparaître (vi)	ixtafa	إختفى
loi (f)	qānūn (m)	قانون
légal (adj)	qānūniy, ʃarʿiy	قانونيّ, شرعيّ
illégal (adj)	ɣayr qanūny, ɣayr ʃarʿi	غير قانونيّ, غير شرعيّ
responsabilité (f)	masʾūliyya (f)	مسؤوليّة
responsable (adj)	masʾūl (m)	مسؤول

LA NATURE

La Terre. Partie 1

122. L'espace cosmique

cosmos (m)	faḍā' (m)	فضاء
cosmique (adj)	faḍā'iy	فضائيّ
espace (m) cosmique	faḍā' (m)	فضاء
monde (m)	'ālam (m)	عالم
univers (m)	al kawn (m)	الكون
galaxie (f)	al maʒarra (f)	المجرّة
étoile (f)	naʒm (m)	نجم
constellation (f)	burʒ (m)	برج
planète (f)	kawkab (m)	كوكب
satellite (m)	qamar ṣinā'iy (m)	قمر صناعيّ
météorite (m)	ḥaʒar nayzakiy (m)	حجر نيزكيّ
comète (f)	muðannab (m)	مذنّب
astéroïde (m)	kuwaykib (m)	كويكب
orbite (f)	madār (m)	مدار
tourner (vi)	dār	دار
atmosphère (f)	al ɣilāf al ʒawwiy (m)	الغلاف الجوّيّ
Soleil (m)	aʃ ʃams (f)	الشمس
système (m) solaire	al maʒmū'a aʃ ʃamsiyya (f)	المجموعة الشمسيّة
éclipse (f) de soleil	kusūf aʃ ʃams (m)	كسوف الشمس
Terre (f)	al arḍ (f)	الأرض
Lune (f)	al qamar (m)	القمر
Mars (m)	al mirrīχ (m)	المرّيخ
Vénus (f)	az zahra (f)	الزهرة
Jupiter (m)	al muʃtari (m)	المشتري
Saturne (m)	zuḥal (m)	زحل
Mercure (m)	'aṭārid (m)	عطارد
Uranus (m)	urānus (m)	اورانوس
Neptune	nibtūn (m)	نبتون
Pluton (m)	blūtu (m)	بلوتو
la Voie Lactée	darb at tabbāna (m)	درب التبّانة
la Grande Ours	ad dubb al akbar (m)	الدبّ الأكبر
la Polaire	naʒm al 'quṭb (m)	نجم القطب
martien (m)	sākin al mirrīχ (m)	ساكن المرّيخ
extraterrestre (m)	faḍā'iy (m)	فضائيّ

alien (m)	faḍā'iy (m)	فضائيّ
soucoupe (f) volante	ṭabaq ṭā'ir (m)	طبق طائر
vaisseau (m) spatial	markaba faḍā'iyya (f)	مركبة فضائيّة
station (f) orbitale	maḥaṭṭat faḍā' (f)	محطّة فضاء
lancement (m)	intilāq (m)	إنطلاق
moteur (m)	mutūr (m)	موتور
tuyère (f)	manfaθ (m)	منفث
carburant (m)	wuqūd (m)	وقود
cabine (f)	kabīna (f)	كابينة
antenne (f)	hawā'iy (m)	هوائيّ
hublot (m)	kuwwa mustadīra (f)	كوّة مستديرة
batterie (f) solaire	lawḥ ʃamsiy (m)	لوح شمسيّ
scaphandre (m)	baðlat al faḍā' (f)	بذلة الفضاء
apesanteur (f)	in'idām al wazn (m)	إنعدام الوزن
oxygène (m)	uksiʒīn (m)	أكسجين
arrimage (m)	rasw (m)	رسو
s'arrimer à …	rasa	رسا
observatoire (m)	marṣad (m)	مرصد
télescope (m)	tiliskūp (m)	تلسكوب
observer (vt)	rāqab	راقب
explorer (un cosmos)	istakʃaf	إستكشف

123. La Terre

Terre (f)	al arḍ (f)	الأرض
globe (m) terrestre	al kura al arḍiyya (f)	الكرة الأرضيّة
planète (f)	kawkab (m)	كوكب
atmosphère (f)	al ɣilāf al ʒawwiy (m)	الغلاف الجوّيّ
géographie (f)	ʒuɣrāfiya (f)	جغرافيا
nature (f)	ṭabī'a (f)	طبيعة
globe (m) de table	namūðaʒ lil kura al arḍiyya (m)	نموذج للكرة الأرضيّة
carte (f)	xarīṭa (f)	خريطة
atlas (m)	aṭlas (m)	أطلس
Europe (f)	urūbba (f)	أوروبّا
Asie (f)	'āsiya (f)	آسيا
Afrique (f)	afrīqiya (f)	أفريقيا
Australie (f)	usturāliya (f)	أستراليا
Amérique (f)	amrīka (f)	أمريكا
Amérique (f) du Nord	amrīka aʃ ʃimāliyya (f)	أمريكا الشماليّة
Amérique (f) du Sud	amrīka al ʒanūbiyya (f)	أمريكا الجنوبيّة
l'Antarctique (m)	al quṭb al ʒanūbiy (m)	القطب الجنوبيّ
l'Arctique (m)	al quṭb aʃ ʃimāliy (m)	القطب الشماليّ

124. Les quatre parties du monde

nord (m)	ʃimāl (m)	شمال
vers le nord	ilaʃ ʃimāl	إلى الشمال
au nord	fiʃ ʃimāl	في الشمال
du nord (adj)	ʃimāliy	شماليّ
sud (m)	ʒanūb (m)	جنوب
vers le sud	ilal ʒanūb	إلى الجنوب
au sud	fil ʒanūb	في الجنوب
du sud (adj)	ʒanūbiy	جنوبيّ
ouest (m)	ɣarb (m)	غرب
vers l'occident	ilal ɣarb	إلى الغرب
à l'occident	fil ɣarb	في الغرب
occidental (adj)	ɣarbiy	غربيّ
est (m)	ʃarq (m)	شرق
vers l'orient	ilaʃ ʃarq	إلى الشرق
à l'orient	fiʃ ʃarq	في الشرق
oriental (adj)	ʃarqiy	شرقيّ

125. Les océans et les mers

mer (f)	baḥr (m)	بحر
océan (m)	muḥīṭ (m)	محيط
golfe (m)	xalīʒ (m)	خليج
détroit (m)	maḍīq (m)	مضيق
terre (f) ferme	barr (m)	بَرّ
continent (m)	qārra (f)	قارّة
île (f)	ʒazīra (f)	جزيرة
presqu'île (f)	ʃibh ʒazīra (f)	شبه جزيرة
archipel (m)	maʒmūʻat ʒuzur (f)	مجموعة جزر
baie (f)	xalīʒ (m)	خليج
port (m)	mīnā' (m)	ميناء
lagune (f)	buḥayra ʃāṭi'a (f)	بحيرة شاطئة
cap (m)	ra's (m)	رأس
atoll (m)	ʒazīra marʒāniyya istiwā'iyya (f)	جزيرة مرجانيّة إستوائيّة
récif (m)	ʃiʻāb (pl)	شعاب
corail (m)	murʒān (m)	مرجان
récif (m) de corail	ʃiʻāb marʒāniyya (pl)	شعاب مرجانيّة
profond (adj)	ʻamīq	عميق
profondeur (f)	ʻumq (m)	عمق
abîme (m)	mahwāt (f)	مهواة
fosse (f) océanique	xandaq (m)	خندق
courant (m)	tayyār (m)	تيّار
baigner (vt) (mer)	aḥāṭ	أحاط

littoral (m)	sāḥil (m)	ساحل
côte (f)	sāḥil (m)	ساحل
marée (f) haute	madd (m)	مدّ
marée (f) basse	ʒazr (m)	جزر
banc (m) de sable	miyāh ḍaḥla (f)	مياه ضحلة
fond (m)	qāʿ (m)	قاع
vague (f)	mawʒa (f)	موجة
crête (f) de la vague	qimmat mawʒa (f)	قمّة موجة
mousse (f)	zabad al baḥr (m)	زبد البحر
tempête (f) en mer	ʿāṣifa (f)	عاصفة
ouragan (m)	iʿṣār (m)	إعصار
tsunami (m)	tsunāmi (m)	تسونامي
calme (m)	hudūʾ (m)	هدوء
calme (tranquille)	hādiʾ	هادئ
pôle (m)	quṭb (m)	قطب
polaire (adj)	quṭby	قطبيّ
latitude (f)	ʿarḍ (m)	عرض
longitude (f)	ṭūl (m)	طول
parallèle (f)	mutawāzi (m)	متوازٍ
équateur (m)	χaṭṭ al istiwāʾ (m)	خطّ الإستواء
ciel (m)	samāʾ (f)	سماء
horizon (m)	ufuq (m)	أفق
air (m)	hawāʾ (m)	هواء
phare (m)	manāra (f)	منارة
plonger (vi)	ɣāṣ	غاص
sombrer (vi)	ɣariq	غرق
trésor (m)	kunūz (pl)	كنوز

126. Les noms des mers et des océans

océan (m) Atlantique	al muḥīṭ al aṭlasiy (m)	المحيط الأطلسيّ
océan (m) Indien	al muḥīṭ al hindiy (m)	المحيط الهنديّ
océan (m) Pacifique	al muḥīṭ al hādiʾ (m)	المحيط الهادئ
océan (m) Glacial	al muḥīṭ il mutaʒammid aʃ ʃimāliy (m)	المحيط المتجمّد الشماليّ
mer (f) Noire	al baḥr al aswad (m)	البحر الأسود
mer (f) Rouge	al baḥr al aḥmar (m)	البحر الأحمر
mer (f) Jaune	al baḥr al aṣfar (m)	البحر الأصفر
mer (f) Blanche	al baḥr al abyaḍ (m)	البحر الأبيض
mer (f) Caspienne	baḥr qazwīn (m)	بحر قزوين
mer (f) Morte	al baḥr al mayyit (m)	البحر الميّت
mer (f) Méditerranée	al baḥr al abyaḍ al mutawassiṭ (m)	البحر الأبيض المتوسّط
mer (f) Égée	baḥr īʒah (m)	بحر إيجة
mer (f) Adriatique	al baḥr al adriyatīkiy (m)	البحر الأدرياتيكيّ

mer (f) Arabique	baḥr al 'arab (m)	بحر العرب
mer (f) du Japon	baḥr al yabān (m)	بحر اليابان
mer (f) de Béring	baḥr birinʒ (m)	بحر بيرينغ
mer (f) de Chine Méridionale	baḥr aṣ ṣīn al ʒanūbiy (m)	بحر الصين الجنوبيّ
mer (f) de Corail	baḥr al marʒān (m)	بحر المرجان
mer (f) de Tasman	baḥr tasmān (m)	بحر تسمان
mer (f) Caraïbe	al baḥr al karībiy (m)	البحر الكاريبيّ
mer (f) de Barents	baḥr barints (m)	بحر بارينس
mer (f) de Kara	baḥr kara (m)	بحر كارا
mer (f) du Nord	baḥr aʃ ʃimāl (m)	بحر الشمال
mer (f) Baltique	al baḥr al balṭīq (m)	البحر البلطيق
mer (f) de Norvège	baḥr an narwīʒ (m)	بحر النرويج

127. Les montagnes

montagne (f)	ʒabal (m)	جبل
chaîne (f) de montagnes	silsilat ʒibāl (f)	سلسلة جبال
crête (f)	qimam ʒabaliyya (pl)	قمم جبليّة
sommet (m)	qimma (f)	قمّة
pic (m)	qimma (f)	قمّة
pied (m)	asfal (m)	أسفل
pente (f)	munḥadar (m)	منحدر
volcan (m)	burkān (m)	بركان
volcan (m) actif	burkān naʃiṭ (m)	بركان نشط
volcan (m) éteint	burkān xāmid (m)	بركان خامد
éruption (f)	θawrān (m)	ثوران
cratère (m)	fūhat al burkān (f)	فوهة البركان
magma (m)	māɣma (f)	ماغما
lave (f)	ḥumam burkāniyya (pl)	حمم بركانيّة
en fusion (lave ~)	munṣahira	منصهرة
canyon (m)	tal'a (m)	تلعة
défilé (m) (gorge)	wādi ḍayyiq (m)	واد ضيّق
crevasse (f)	ʃaqq (m)	شقّ
précipice (m)	hāwiya (f)	هاوية
col (m) de montagne	mamarr ʒabaliy (m)	ممرّ جبليّ
plateau (m)	haḍba (m)	هضبة
rocher (m)	ʒurf (m)	جرف
colline (f)	tall (m)	تلّ
glacier (m)	nahr ʒalīdiy (m)	نهر جليديّ
chute (f) d'eau	ʃallāl (m)	شلّال
geyser (m)	fawwāra ḥārra (f)	فوّارة حارّة
lac (m)	buḥayra (f)	بحيرة
plaine (f)	sahl (m)	سهل
paysage (m)	manẓar ṭabī'iy (m)	منظر طبيعيّ

écho (m)	ṣada (m)	صدى
alpiniste (m)	mutasalliq al ʒibāl (m)	متسلّق الجبال
varappeur (m)	mutasalliq ṣuxūr (m)	متسلّق صخور
conquérir (vt)	taɣallab 'ala	تغلّب على
ascension (f)	tasalluq (m)	تسلّق

128. Les noms des chaînes de montagne

Alpes (f pl)	ʒibāl al alb (pl)	جبال الألب
Mont Blanc (m)	mūn blūn (m)	مون بلون
Pyrénées (f pl)	ʒibāl al barānis (pl)	جبال البرانس
Carpates (f pl)	ʒibāl al karbāt (pl)	جبال الكاربات
Monts Oural (m pl)	ʒibāl al 'ūrāl (pl)	جبال الأورال
Caucase (m)	ʒibāl al qawqāz (pl)	جبال القوقاز
Elbrous (m)	ʒabal ilbrūs (m)	جبل إلبروس
Altaï (m)	ʒibāl altāy (pl)	جبال ألتاي
Tian Chan (m)	ʒibāl tian ʃan (pl)	جبال تيان شان
Pamir (m)	ʒibāl bamīr (pl)	جبال بامير
Himalaya (m)	himalāya (pl)	هيمالايا
Everest (m)	ʒabal ivirist (m)	جبل إفرست
Andes (f pl)	ʒibāl al andīz (pl)	جبال الأنديز
Kilimandjaro (m)	ʒabal kilimanʒāru (m)	جبل كليمنجارو

129. Les fleuves

rivière (f), fleuve (m)	nahr (m)	نهر
source (f)	'ayn (m)	عين
lit (m) (d'une rivière)	maʒra an nahr (m)	مجرى النهر
bassin (m)	ḥawḍ (m)	حوض
se jeter dans ...	ṣabb fi ...	صبّ في...
affluent (m)	rāfid (m)	رافد
rive (f)	ḍiffa (f)	ضفة
courant (m)	tayyār (m)	تيّار
en aval	f ittiʒāh maʒra an nahr	في إتجاه مجرى النهر
en amont	ḍidd at tayyār	ضدّ التيّار
inondation (f)	ɣamr (m)	غمر
les grandes crues	fayaḍān (m)	فيضان
déborder (vt)	fāḍ	فاض
inonder (vt)	ɣamar	غمر
bas-fond (m)	miyāh ḍaḥla (f)	مياه ضحلة
rapide (m)	munḥadar an nahr (m)	منحدر النهر
barrage (m)	sadd (m)	سدّ
canal (m)	qanāt (f)	قناة
lac (m) de barrage	xazzān mā'iy (m)	خزّان مائيّ

écluse (f)	hawīs (m)	هويس
plan (m) d'eau	masṭaḥ māʾiy (m)	مسطح مائيّ
marais (m)	mustanqaʿ (m)	مستنقع
fondrière (f)	mustanqaʿ (m)	مستنقع
tourbillon (m)	dawwāma (f)	دوّامة
ruisseau (m)	ʒadwal māʾiy (m)	جدول مائيّ
potable (adj)	aʃʃurb	الشرب
douce (l'eau ~)	ʿaðb	عذب
glace (f)	ʒalīd (m)	جليد
être gelé	taʒammad	تجمّد

130. Les noms des fleuves

Seine (f)	nahr as sīn (m)	نهر السين
Loire (f)	nahr al luaːr (m)	نهر اللوار
Tamise (f)	nahr at tīmz (m)	نهر التيمز
Rhin (m)	nahr ar rayn (m)	نهر الراين
Danube (m)	nahr ad danūb (m)	نهر الدانوب
Volga (f)	nahr al vulɣa (m)	نهر الفولغا
Don (m)	nahr ad dūn (m)	نهر الدون
Lena (f)	nahr līna (m)	نهر لينا
Huang He (m)	an nahr al aṣfar (m)	النهر الأصفر
Yangzi Jiang (m)	nahr al yanɣtsi (m)	نهر اليانغتسي
Mékong (m)	nahr al mikunɣ (m)	نهر الميكونغ
Gange (m)	nahr al ɣānʒ (m)	نهر الغانج
Nil (m)	nahr an nīl (m)	نهر النيل
Congo (m)	nahr al kunɣu (m)	نهر الكونغو
Okavango (m)	nahr ukavanʒu (m)	نهر اوكافانجو
Zambèze (m)	nahr az zambizi (m)	نهر الزمبيزي
Limpopo (m)	nahr limbubu (m)	نهر ليمبوبو
Mississippi (m)	nahr al mississibbi (m)	نهر الميسيسبيي

131. La forêt

forêt (f)	ɣāba (f)	غابة
forestier (adj)	ɣāba	غابة
fourré (m)	ɣāba kaθīfa (f)	غابة كثيفة
bosquet (m)	ɣāba ṣaɣīra (f)	غابة صغيرة
clairière (f)	minṭaqa uzīlat minha al aʃʒār (f)	منطقة أزيلت منها الأشجار
broussailles (f pl)	aʒama (f)	أجمة
taillis (m)	ʃuʒayrāt (pl)	شجيرات
sentier (m)	mamarr (m)	ممرّ
ravin (m)	wādi ḍayyiq (m)	واد ضيّق

arbre (m)	ʃaʒara (f)	شجرة
feuille (f)	waraqa (f)	ورقة
feuillage (m)	waraq (m)	ورق
chute (f) de feuilles	tasāquṭ al awrāq (m)	تساقط الأوراق
tomber (feuilles)	saqaṭ	سقط
sommet (m)	ra's (m)	رأس
rameau (m)	ɣuṣn (m)	غصن
branche (f)	ɣuṣn (m)	غصن
bourgeon (m)	burʿum (m)	برعم
aiguille (f)	ʃawka (f)	شوكة
pomme (f) de pin	kūz aṣ ṣanawbar (m)	كوز الصنوبر
creux (m)	ʒawf (m)	جوف
nid (m)	ʿuʃʃ (m)	عشّ
terrier (m) (~ d'un renard)	ʒuhr (m)	جحر
tronc (m)	ʒiðʿ (m)	جذع
racine (f)	ʒiðr (m)	جذر
écorce (f)	liḥā' (m)	لحاء
mousse (f)	ṭuḥlub (m)	طحلب
déraciner (vt)	iqtalaʿ	إقتلع
abattre (un arbre)	qaṭaʿ	قطع
déboiser (vt)	azāl al ɣābāt	أزال الغابات
souche (f)	ʒiðʿ aʃ ʃaʒara (m)	جذع الشجرة
feu (m) de bois	nār muxayyam (m)	نار مخيّم
incendie (m)	ḥarīq ɣāba (m)	حريق غابة
éteindre (feu)	aṭfa'	أطفأ
garde (m) forestier	ḥāris al ɣāba (m)	حارس الغابة
protection (f)	ḥimāya (f)	حماية
protéger (vt)	ḥama	حمى
braconnier (m)	sāriq aṣ ṣayd (m)	سارق الصيد
piège (m) à mâchoires	maṣyada (f)	مصيدة
cueillir (vt)	ʒamaʿ	جمع
s'égarer (vp)	tāh	تاه

132. Les ressources naturelles

ressources (f pl) naturelles	θarawāt ṭabīʿiyya (pl)	ثروات طبيعيّة
minéraux (m pl)	maʿādin (pl)	معادن
gisement (m)	makāmin (pl)	مكامن
champ (m) (~ pétrolifère)	ḥaql (m)	حقل
extraire (vt)	istaxraʒ	إستخرج
extraction (f)	istixrāʒ (m)	إستخراج
minerai (m)	xām (m)	خام
mine (f) (site)	manʒam (m)	منجم
puits (m) de mine	manʒam (m)	منجم
mineur (m)	ʿāmil manʒam (m)	عامل منجم

gaz (m)	ɣāz (m)	غاز
gazoduc (m)	χatt anābīb ɣāz (m)	خط أنابيب غاز
pétrole (m)	naft (m)	نفط
pipeline (m)	anābīb an naft (pl)	أنابيب النفط
tour (f) de forage	bi'r an naft (m)	بئر النفط
derrick (m)	ḥaffāra (f)	حفّارة
pétrolier (m)	nāqilat an naft (f)	ناقلة النفط
sable (m)	raml (m)	رمل
calcaire (m)	ḥaʒar kalsiy (m)	حجر كلسيّ
gravier (m)	ḥaṣa (m)	حصى
tourbe (f)	χaθθ faḥm nabātiy (m)	خثّ فحم نباتيّ
argile (f)	ṭīn (m)	طين
charbon (m)	faḥm (m)	فحم
fer (m)	ḥadīd (m)	حديد
or (m)	ðahab (m)	ذهب
argent (m)	fiḍḍa (f)	فضّة
nickel (m)	nikil (m)	نيكل
cuivre (m)	nuḥās (m)	نحاس
zinc (m)	zink (m)	زنك
manganèse (m)	manɣanīz (m)	منغنيز
mercure (m)	zi'baq (m)	زئبق
plomb (m)	ruṣāṣ (m)	رصاص
minéral (m)	maʕdan (m)	معدن
cristal (m)	ballūra (f)	بلّورة
marbre (m)	ruχām (m)	رخام
uranium (m)	yurānuim (m)	يورانيوم

La Terre. Partie 2

133. Le temps

temps (m)	ṭaqs (m)	طقس
météo (f)	naʃra ʒawwiyya (f)	نشرة جوّيّة
température (f)	ḥarāra (f)	حرارة
thermomètre (m)	tirmūmitr (m)	ترمومتر
baromètre (m)	barūmitr (m)	بارومتر
humide (adj)	raṭib	رطب
humidité (f)	ruṭūba (f)	رطوبة
chaleur (f) (canicule)	ḥarāra (f)	حرارة
torride (adj)	ḥārr	حارّ
il fait très chaud	al ʒaww ḥārr	الجوّ حارّ
il fait chaud	al ʒaww dāfi'	الجوّ دافئ
chaud (modérément)	dāfi'	دافئ
il fait froid	al ʒaww bārid	الجوّ بارد
froid (adj)	bārid	بارد
soleil (m)	ʃams (f)	شمس
briller (soleil)	aḍā'	أضاء
ensoleillé (jour ~)	muʃmis	مشمس
se lever (vp)	ʃaraq	شرق
se coucher (vp)	ɣarab	غرب
nuage (m)	saḥāba (f)	سحابة
nuageux (adj)	ɣā'im	غائم
nuée (f)	saḥābat maṭar (f)	سحابة مطر
sombre (adj)	ɣā'im	غائم
pluie (f)	maṭar (m)	مطر
il pleut	innaha tamṭur	إنّها تمطر
pluvieux (adj)	mumṭir	ممطر
bruiner (v imp)	raðð	رذّ
pluie (f) torrentielle	maṭar munhamir (f)	مطر منهمر
averse (f)	maṭar ɣazīr (m)	مطر غزير
forte (la pluie ~)	ʃadīd	شديد
flaque (f)	birka (f)	بركة
se faire mouiller	ibtall	إبتلّ
brouillard (m)	ḍabāb (m)	ضباب
brumeux (adj)	muḍabbab	مضبّب
neige (f)	θalʒ (m)	ثلج
il neige	innaha taθluʒ	إنّها تثلج

134. Les intempéries. Les catastrophes naturelles

orage (m)	'āṣifa ra'diyya (f)	عاصفة رعديّة
éclair (m)	barq (m)	برق
éclater (foudre)	baraq	برق
tonnerre (m)	ra'd (m)	رعد
gronder (tonnerre)	ra'ad	رعد
le tonnerre gronde	tar'ad as samā'	ترعد السماء
grêle (f)	maṭar bard (m)	مطر برد
il grêle	tamṭur as samā' bardan	تمطر السماء بردًا
inonder (vt)	γamar	غمر
inondation (f)	fayaḍān (m)	فيضان
tremblement (m) de terre	zilzāl (m)	زلزال
secousse (f)	hazza arḍiyya (f)	هزّة أرضيّة
épicentre (m)	markaz az zilzāl (m)	مركز الزلزال
éruption (f)	θawrān (m)	ثوران
lave (f)	ḥumam burkāniyya (pl)	حمم بركانيّة
tourbillon (m), tornade (f)	i'ṣār (m)	إعصار
typhon (m)	ṭūfān (m)	طوفان
ouragan (m)	i'ṣār (m)	إعصار
tempête (f)	'āṣifa (f)	عاصفة
tsunami (m)	tsunāmi (m)	تسونامي
cyclone (m)	i'ṣār (m)	إعصار
intempéries (f pl)	ṭaqs sayyi' (m)	طقس سيّء
incendie (m)	ḥarīq (m)	حريق
catastrophe (f)	kāriθa (f)	كارثة
météorite (m)	ḥaʒar nayzakiy (m)	حجر نيزكيّ
avalanche (f)	inhiyār θalʒiy (m)	إنهيار ثلجيّ
éboulement (m)	inhiyār θalʒiy (m)	إنهيار ثلجيّ
blizzard (m)	'āṣifa θalʒiyya (f)	عاصفة ثلجيّة
tempête (f) de neige	'āṣifa θalʒiyya (f)	عاصفة ثلجيّة

La faune

135. Les mammifères. Les prédateurs

prédateur (m)	ḥayawān muftaris (m)	حيوان مفترس
tigre (m)	namir (m)	نمر
lion (m)	asad (m)	أسد
loup (m)	ði'b (m)	ذئب
renard (m)	θa'lab (m)	ثعلب
jaguar (m)	namir amrīkiy (m)	نمر أمريكيّ
léopard (m)	fahd (m)	فهد
guépard (m)	namir ṣayyād (m)	نمر صيّاد
panthère (f)	namir aswad (m)	نمر أسود
puma (m)	būma (m)	بوما
léopard (m) de neiges	namir aθ θulūʒ (m)	نمر الثلوج
lynx (m)	waʃaq (m)	وشق
coyote (m)	qayūṭ (m)	قيوط
chacal (m)	ibn 'āwa (m)	ابن آوى
hyène (f)	ḍabu' (m)	ضبع

136. Les animaux sauvages

animal (m)	ḥayawān (m)	حيوان
bête (f)	ḥayawān (m)	حيوان
écureuil (m)	sinʒāb (m)	سنجاب
hérisson (m)	qumfuð (m)	قنفذ
lièvre (m)	arnab barriy (m)	أرنب بريّ
lapin (m)	arnab (m)	أرنب
blaireau (m)	ɣarīr (m)	غرير
raton (m)	rākūn (m)	راكون
hamster (m)	qidād (m)	قداد
marmotte (f)	marmuṭ (m)	مرموط
taupe (f)	χuld (m)	خلد
souris (f)	fa'r (m)	فأر
rat (m)	ʒurað (m)	جرذ
chauve-souris (f)	χuffāʃ (m)	خفاش
hermine (f)	qāqum (m)	قاقم
zibeline (f)	sammūr (m)	سمّور
martre (f)	dalaq (m)	دلق
belette (f)	ibn 'irs (m)	إبن عرس
vison (m)	mink (m)	منك

castor (m)	qundus (m)	قندس
loutre (f)	quḍāʻa (f)	قضاعة
cheval (m)	ḥiṣān (m)	حصان
élan (m)	mūz (m)	موظ
cerf (m)	ayyil (m)	أيّل
chameau (m)	ʒamal (m)	جمل
bison (m)	bisūn (m)	بيسون
aurochs (m)	θawr barriy (m)	ثور بريّ
buffle (m)	ʒāmūs (m)	جاموس
zèbre (m)	ḥimār zarad (m)	حمار زرد
antilope (f)	ẓabiy (m)	ظبي
chevreuil (m)	yaḥmūr (m)	يحمور
biche (f)	ayyil asmar urubbiy (m)	أيّل أسمر أوروبيّ
chamois (m)	ʃamwāh (f)	شاموآه
sanglier (m)	xinzīr barriy (m)	خنزير بريّ
baleine (f)	ḥūt (m)	حوت
phoque (m)	fuqma (f)	فقمة
morse (m)	fazz (m)	فظ
ours (m) de mer	fuqmat al firāʼ (f)	فقمة الفراء
dauphin (m)	dilfīn (m)	دلفين
ours (m)	dubb (m)	دبّ
ours (m) blanc	dubb quṭbiy (m)	دبّ قطبيّ
panda (m)	bānda (m)	باندا
singe (m)	qird (m)	قرد
chimpanzé (m)	ʃimbanzi (m)	شيمبانزي
orang-outang (m)	urangutān (m)	أورنغوتان
gorille (m)	ɣurīlla (f)	غوريلا
macaque (m)	qird al makāk (m)	قرد المكاك
gibbon (m)	ʒibbūn (m)	جيبون
éléphant (m)	fīl (m)	فيل
rhinocéros (m)	xartīt (m)	خرتيت
girafe (f)	zarāfa (f)	زرافة
hippopotame (m)	faras an nahr (m)	فرس النهر
kangourou (m)	kanɣar (m)	كنغر
koala (m)	kuala (m)	كوالا
mangouste (f)	nims (m)	نمس
chinchilla (m)	ʃinʃila (f)	شنشيلة
mouffette (f)	ẓaribān (m)	ظربان
porc-épic (m)	nīṣ (m)	نيص

137. Les animaux domestiques

chat (m) (femelle)	qiṭṭa (f)	قطّة
chat (m) (mâle)	ðakar al qiṭṭ (m)	ذكر القطّ
chien (m)	kalb (m)	كلب

cheval (m)	ḥiṣān (m)	حصان
étalon (m)	faḥl al xayl (m)	فحل الخيل
jument (f)	unθa al faras (f)	أنثى الفرس
vache (f)	baqara (f)	بقرة
taureau (m)	θawr (m)	ثور
bœuf (m)	θawr (m)	ثور
brebis (f)	xarūf (f)	خروف
mouton (m)	kabʃ (m)	كبش
chèvre (f)	mā'iz (m)	ماعز
bouc (m)	ðakar al mā'ið (m)	ذكر الماعز
âne (m)	ḥimār (m)	حمار
mulet (m)	baɣl (m)	بغل
cochon (m)	xinzīr (m)	خنزير
pourceau (m)	xannūṣ (m)	خنّوص
lapin (m)	arnab (m)	أرنب
poule (f)	daʒāʒa (f)	دجاجة
coq (m)	dīk (m)	ديك
canard (m)	baṭṭa (f)	بطّة
canard (m) mâle	ðakar al baṭṭ (m)	ذكر البطّ
oie (f)	iwazza (f)	إوزّة
dindon (m)	dīk rūmiy (m)	ديك روميّ
dinde (f)	daʒāʒ rūmiy (m)	دجاج روميّ
animaux (m pl) domestiques	ḥayawānāt dawāʒin (pl)	حيوانات دواجن
apprivoisé (adj)	alīf	أليف
apprivoiser (vt)	allaf	ألّف
élever (vt)	rabba	ربّى
ferme (f)	mazra'a (f)	مزرعة
volaille (f)	ṭuyūr dāʒina (pl)	طيور داجنة
bétail (m)	māʃiya (f)	ماشية
troupeau (m)	qaṭī' (m)	قطيع
écurie (f)	isṭabl xayl (m)	إسطبل خيل
porcherie (f)	ḥaẓīrat al xanāzīr (f)	حظيرة الخنازير
vacherie (f)	zirībat al baqar (f)	زريبة البقر
cabane (f) à lapins	qunn al arānib (m)	قنّ الأرانب
poulailler (m)	qunn ad daʒāʒ (m)	قن الدجاج

138. Les oiseaux

oiseau (m)	ṭā'ir (m)	طائر
pigeon (m)	ḥamāma (f)	حمامة
moineau (m)	'uṣfūr (m)	عصفور
mésange (f)	qurquf (m)	قرقف
pie (f)	'aq'aq (m)	عقعق
corbeau (m)	ɣurāb aswad (m)	غراب أسود

corneille (f)	ɣurāb (m)	غراب
choucas (m)	zāɣ (m)	زاغ
freux (m)	ɣurāb al qayẓ (m)	غراب القيظ
canard (m)	baṭṭa (f)	بطَة
oie (f)	iwazza (f)	إوزَة
faisan (m)	tadarruʒ (m)	تدرج
aigle (m)	nasr (m)	نسر
épervier (m)	bāz (m)	باز
faucon (m)	ṣaqr (m)	صقر
vautour (m)	raxam (m)	رخم
condor (m)	kundūr (m)	كندور
cygne (m)	timma (m)	تمَة
grue (f)	kurkiy (m)	كركي
cigogne (f)	laqlaq (m)	لقلق
perroquet (m)	babaɣā' (m)	ببغاء
colibri (m)	ṭannān (m)	طنَان
paon (m)	ṭāwūs (m)	طاووس
autruche (f)	na'āma (f)	نعامة
héron (m)	balaʃūn (m)	بلشون
flamant (m)	nuḥām wardiy (m)	نحام وردي
pélican (m)	baʒa'a (f)	بجعة
rossignol (m)	bulbul (m)	بلبل
hirondelle (f)	sunūnū (m)	سنونو
merle (m)	sumna (m)	سمنة
grive (f)	summuna muɣarrida (m)	سمنة مغرَدة
merle (m) noir	ʃaḥrūr aswad (m)	شحرور أسود
martinet (m)	samāma (m)	سمامة
alouette (f) des champs	qubbara (f)	قبَرة
caille (f)	sammān (m)	سمَان
pivert (m)	naqqār al xaʃab (m)	نقَار الخشب
coucou (m)	waqwāq (m)	وقواق
chouette (f)	būma (f)	بومة
hibou (m)	būm urāsiy (m)	بوم أوراسيّ
tétras (m)	dīk il xalanʒ (m)	ديك الخلنج
tétras-lyre (m)	ṭayhūʒ aswad (m)	طيهوج أسود
perdrix (f)	haʒal (m)	حجل
étourneau (m)	zurzūr (m)	زرزور
canari (m)	kanāriy (m)	كناريّ
gélinotte (f) des bois	ṭayhūʒ il bunduq (m)	طيهوج البندق
pinson (m)	ʃurʃūr (m)	شرشور
bouvreuil (m)	diɣnāʃ (m)	دغناش
mouette (f)	nawras (m)	نورس
albatros (m)	al qaṭras (m)	القطرس
pingouin (m)	biṭrīq (m)	بطريق

139. Les poissons. Les animaux marins

brème (f)	abramīs (m)	أبراميس
carpe (f)	ʃabbūṭ (m)	شبّوط
perche (f)	farx (m)	فرخ
silure (m)	qarmūṭ (m)	قرموط
brochet (m)	samak al karāki (m)	سمك الكراكي
saumon (m)	salmūn (m)	سلمون
esturgeon (m)	ḥafʃ (m)	حفش
hareng (m)	rinʒa (f)	رنجة
saumon (m) atlantique	salmūn aṭlasiy (m)	سلمون أطلسيَ
maquereau (m)	usqumriy (m)	أسقمريَ
flet (m)	samak mufalṭaḥ (f)	سمك مفلطح
sandre (f)	samak sandar (m)	سمك سندر
morue (f)	qudd (m)	قدَ
thon (m)	tūna (f)	تونة
truite (f)	salmūn muraqqaṭ (m)	سلمون مرقَط
anguille (f)	ḥankalīs (m)	حنكليس
torpille (f)	raʿʿād (m)	رعّاد
murène (f)	murāy (m)	موراي
piranha (m)	birāna (f)	بيرانا
requin (m)	qirʃ (m)	قرش
dauphin (m)	dilfīn (m)	دلفين
baleine (f)	ḥūt (m)	حوت
crabe (m)	salṭaʿūn (m)	سلطعون
méduse (f)	qindīl al baḥr (m)	قنديل البحر
pieuvre (f), poulpe (m)	uxṭubūṭ (m)	أخطبوط
étoile (f) de mer	naʒmat al baḥr (f)	نجمة البحر
oursin (m)	qumfuð al baḥr (m)	قنفذ البحر
hippocampe (m)	ḥiṣān al baḥr (m)	فرس البحر
huître (f)	maḥār (m)	محار
crevette (f)	ʒambari (m)	جمبريَ
homard (m)	istakūza (f)	إستكوزا
langoustine (f)	karkand ʃāik (m)	كركند شائك

140. Les amphibiens. Les reptiles

serpent (m)	θuʿbān (m)	ثعبان
venimeux (adj)	sāmm	سامَ
vipère (f)	afʿa (f)	أفعى
cobra (m)	kūbra (m)	كوبرا
python (m)	biθūn (m)	بيثون
boa (m)	buwāʾ (f)	بواء
couleuvre (f)	θuʿbān al ʿuʃb (m)	ثعبان العشب

serpent (m) à sonnettes	af'a al ʒalʒala (f)	أفعى الجلجلة
anaconda (m)	anakūnda (f)	أناكوندا
lézard (m)	siḥliyya (f)	سحليّة
iguane (m)	iɣwāna (f)	إغوانة
varan (m)	waral (m)	ورل
salamandre (f)	samandar (m)	سمندر
caméléon (m)	ḥirbā' (f)	حرباء
scorpion (m)	'aqrab (m)	عقرب
tortue (f)	sulaḥfāt (f)	سلحفاة
grenouille (f)	ḍifḍa' (m)	ضفدع
crapaud (m)	ḍifḍa' aṭ ṭīn (m)	ضفدع الطين
crocodile (m)	timsāḥ (m)	تمساح

141. Les insectes

insecte (m)	ḥaʃara (f)	حشرة
papillon (m)	farāʃa (f)	فراشة
fourmi (f)	namla (f)	نملة
mouche (f)	ðubāba (f)	ذبابة
moustique (m)	namūsa (f)	ناموسة
scarabée (m)	χunfusa (f)	خنفسة
guêpe (f)	dabbūr (m)	دبّور
abeille (f)	naḥla (f)	نحلة
bourdon (m)	naḥla ṭannāna (f)	نحلة طنّانة
œstre (m)	na'ra (f)	نعرة
araignée (f)	'ankabūt (m)	عنكبوت
toile (f) d'araignée	nasīʒ 'ankabūt (m)	نسيج عنكبوت
libellule (f)	ya'sūb (m)	يعسوب
sauterelle (f)	ʒarād (m)	جراد
papillon (m)	'itta (f)	عتّة
cafard (m)	ṣurṣūr (m)	صرصور
tique (f)	qurāda (f)	قرادة
puce (f)	burɣūθ (m)	برغوث
moucheron (m)	ba'ūḍa (f)	بعوضة
criquet (m)	ʒarād (m)	جراد
escargot (m)	ḥalzūn (m)	حلزون
grillon (m)	ṣarrār al layl (m)	صرّار الليل
luciole (f)	yarā'a muḍī'a (f)	يراعة مضيئة
coccinelle (f)	da'sūqa (f)	دعسوقة
hanneton (m)	χunfusa kabīra (f)	خنفسة كبيرة
sangsue (f)	'alaqa (f)	علقة
chenille (f)	yasrū' (m)	يسروع
ver (m)	dūda (f)	دودة
larve (f)	yaraqa (f)	يرقة

La flore

142. Les arbres

arbre (m)	ʃaʒara (f)	شجرة
à feuilles caduques	nafḍiyya	نفضية
conifère (adj)	ṣanawbariyya	صنوبرية
à feuilles persistantes	dā'imat al χuḍra	دائمة الخضرة
pommier (m)	ʃaʒarat tuffāḥ (f)	شجرة تفّاح
poirier (m)	ʃaʒarat kummaθra (f)	شجرة كمّثرى
merisier (m), cerisier (m)	ʃaʒarat karaz (f)	شجرة كرز
prunier (m)	ʃaʒarat barqūq (f)	شجرة برقوق
bouleau (m)	batūla (f)	بتولا
chêne (m)	ballūṭ (f)	بلّوط
tilleul (m)	ʃaʒarat zayzafūn (f)	شجرة زيزفون
tremble (m)	ḥawr raʒrāʒ (m)	حور رجراج
érable (m)	qayqab (f)	قيقب
épicéa (m)	ratinaʒ (f)	راتينج
pin (m)	ṣanawbar (f)	صنوبر
mélèze (m)	arziyya (f)	أرزية
sapin (m)	tannūb (f)	تنّوب
cèdre (m)	arz (f)	أرز
peuplier (m)	ḥawr (f)	حور
sorbier (m)	γubayrā' (f)	غبيراء
saule (m)	ṣafṣāf (f)	صفصاف
aune (m)	ʒār il mā' (m)	جار الماء
hêtre (m)	zān (m)	زان
orme (m)	dardār (f)	دردار
frêne (m)	marān (f)	مران
marronnier (m)	kastanā' (f)	كستناء
magnolia (m)	maγnūliya (f)	مغنوليا
palmier (m)	naχla (f)	نخلة
cyprès (m)	sarw (f)	سرو
palétuvier (m)	ayka sāḥiliyya (f)	أيكة ساحليّة
baobab (m)	bāubāb (f)	باوباب
eucalyptus (m)	ukaliptus (f)	أوكالبتوس
séquoia (m)	siqūya (f)	سيكويا

143. Les arbustes

buisson (m)	ʃuʒayra (f)	شجيرة
arbrisseau (m)	ʃuʒayrāt (pl)	شجيرات

vigne (f)	karma (f)	كرمة
vigne (f) (vignoble)	karam (m)	كرم
framboise (f)	tūt al ʿullayq al aḥmar (m)	توت العُلَيق الأحمر
groseille (f) rouge	kiʃmiʃ ahmar (m)	كشمش أحمر
groseille (f) verte	ʿinab aθ θaʿlab (m)	عنب الثعلب
acacia (m)	sanṭ (f)	سنط
berbéris (m)	amīr barīs (m)	أمير باريس
jasmin (m)	yāsmīn (m)	ياسمين
genévrier (m)	ʿarʿar (m)	عرعر
rosier (m)	ʃuʒayrat ward (f)	شجيرة ورد
églantier (m)	ward ʒabaliy (m)	ورد جبلي

144. Les fruits. Les baies

fruit (m)	θamra (f)	ثمرة
fruits (m pl)	θamr (m)	ثمر
pomme (f)	tuffāḥa (f)	تفّاحة
poire (f)	kummaθra (f)	كمّثرى
prune (f)	barqūq (m)	برقوق
fraise (f)	farawla (f)	فراولة
merise (f), cerise (f)	karaz (m)	كرز
raisin (m)	ʿinab (m)	عنب
framboise (f)	tūt al ʿullayq al aḥmar (m)	توت العُلَيق الأحمر
cassis (m)	ʿinab aθ θaʿlab al aswad (m)	عنب الثعلب الأسود
groseille (f) rouge	kiʃmiʃ ahmar (m)	كشمش أحمر
groseille (f) verte	ʿinab aθ θaʿlab (m)	عنب الثعلب
canneberge (f)	tūt ahmar barriy (m)	توت أحمر بَرّيّ
orange (f)	burtuqāl (m)	برتقال
mandarine (f)	yūsufiy (m)	يوسفي
ananas (m)	ananās (m)	أناناس
banane (f)	mawz (m)	موز
datte (f)	tamr (m)	تمر
citron (m)	laymūn (m)	ليمون
abricot (m)	miʃmiʃ (f)	مشمش
pêche (f)	durrāq (m)	دراق
kiwi (m)	kiwi (m)	كيوي
pamplemousse (m)	zinbāʿ (m)	زنباع
baie (f)	ḥabba (f)	حبّة
baies (f pl)	ḥabbāt (pl)	حبّات
airelle (f) rouge	ʿinab aθ θawr (m)	عنب الثور
fraise (f) des bois	farāwla barriyya (f)	فراولة برّيّة
myrtille (f)	ʿinab al ahrāʒ (m)	عنب الأحراج

145. Les fleurs. Les plantes

fleur (f)	zahra (f)	زهرة
bouquet (m)	bāqat zuhūr (f)	باقة زهور
rose (f)	warda (f)	وردة
tulipe (f)	tulīb (f)	توليب
oeillet (m)	qurumful (m)	قرنفل
glaïeul (m)	dalbūθ (m)	دلبوث
bleuet (m)	turunʃāh (m)	ترنشاه
campanule (f)	ʒarīs (m)	جريس
dent-de-lion (f)	hindibā' (f)	هنداء
marguerite (f)	babunʒ (m)	بابونج
aloès (m)	aluwwa (m)	أَلْوَة
cactus (m)	ṣabbār (m)	صبَّار
ficus (m)	tīn (m)	تين
lis (m)	sawsan (m)	سوسن
géranium (m)	ibrat ar rā'i (f)	إبرة الراعي
jacinthe (f)	zanbaq (f)	زنبق
mimosa (m)	mimūza (f)	ميموزا
jonquille (f)	narʒis (f)	نرجس
capucine (f)	abu xanʒar (f)	أبو خنجر
orchidée (f)	saḥlab (f)	سحلب
pivoine (f)	fawniya (f)	فاوانيا
violette (f)	banafsaʒ (f)	بنفسج
pensée (f)	banafsaʒ muθallaθ (m)	بنفسج مثلث
myosotis (m)	'āðān al fa'r (pl)	آذان الفأر
pâquerette (f)	uqḥuwān (m)	أقحوان
coquelicot (m)	xaʃxāʃ (m)	خشخاش
chanvre (m)	qinnab (m)	قنب
menthe (f)	na'nā' (m)	نعناع
muguet (m)	sawsan al wādi (m)	سوسن الوادي
perce-neige (f)	zahrat al laban (f)	زهرة اللبن
ortie (f)	qarrāṣ (m)	قرَّاص
oseille (f)	ḥammāḍ (m)	حمَّاض
nénuphar (m)	nilūfar (m)	نيلوفر
fougère (f)	saraxs (m)	سرخس
lichen (m)	uʃna (f)	أشنة
serre (f) tropicale	dafi'a (f)	دفيئة
gazon (m)	'uʃb (m)	عشب
parterre (m) de fleurs	ʒunaynat zuhūr (f)	جنينة زهور
plante (f)	nabāt (m)	نبات
herbe (f)	'uʃb (m)	عشب
brin (m) d'herbe	'uʃba (f)	عشبة

feuille (f)	waraqa (f)	ورقة
pétale (m)	waraqat az zahra (f)	ورقة الزهرة
tige (f)	sāq (f)	ساق
tubercule (m)	darnat nabāt (f)	درنة نبات
pousse (f)	nabta sayīra (f)	نبتة صغيرة
épine (f)	ʃawka (f)	شوكة
fleurir (vi)	nawwar	نوّر
se faner (vp)	ðabal	ذبل
odeur (f)	rāʾiḥa (f)	رائحة
couper (vt)	qataʿ	قطع
cueillir (fleurs)	qataf	قطف

146. Les céréales

grains (m pl)	ḥubūb (pl)	حبوب
céréales (f pl) (plantes)	maḥāṣīl al ḥubūb (pl)	محاصيل الحبوب
épi (m)	sumbula (f)	سنبلة
blé (m)	qamḥ (m)	قمح
seigle (m)	ʒāwdār (m)	جاودار
avoine (f)	ʃūfān (m)	شوفان
millet (m)	duxn (m)	دخن
orge (f)	ʃaʿīr (m)	شعير
maïs (m)	ðura (f)	ذرّة
riz (m)	urz (m)	أرز
sarrasin (m)	ḥinṭa sawdāʾ (f)	حنطة سوداء
pois (m)	bisilla (f)	بسلّة
haricot (m)	faṣūliya (f)	فاصوليا
soja (m)	fūl aṣ ṣūya (m)	فول الصويا
lentille (f)	ʿadas (m)	عدس
fèves (f pl)	fūl (m)	فول

LES PAYS DU MONDE. LES NATIONALITÉS

147. L'Europe de l'Ouest

Europe (f)	urūbba (f)	أوروبًّا
Union (f) européenne	al ittiḥād al urubbiy (m)	الإتّحاد الأوروبيّ
Autriche (f)	an nimsa (f)	النمسا
Grande-Bretagne (f)	briṭāniya al ʿuẓma (f)	بريطانيا العظمى
Angleterre (f)	inʒiltirra (f)	إنجلترا
Belgique (f)	balʒīka (f)	بلجيكا
Allemagne (f)	almāniya (f)	ألمانيا
Pays-Bas (m)	hulanda (f)	هولندا
Hollande (f)	hulanda (f)	هولندا
Grèce (f)	al yūnān (f)	اليونان
Danemark (m)	ad danimārk (f)	الدانمارك
Irlande (f)	irlanda (f)	أيرلندا
Islande (f)	'āyslanda (f)	آيسلندا
Espagne (f)	isbāniya (f)	إسبانيا
Italie (f)	iṭāliya (f)	إيطاليا
Chypre (m)	qubruṣ (f)	قبرص
Malte (f)	malṭa (f)	مالطا
Norvège (f)	an nirwīʒ (f)	النرويج
Portugal (m)	al burtuɣāl (f)	البرتغال
Finlande (f)	finlanda (f)	فنلندا
France (f)	faransa (f)	فرنسا
Suède (f)	as suwayd (f)	السويد
Suisse (f)	swīsra (f)	سويسرا
Écosse (f)	iskutlanda (f)	اسكتلندا
Vatican (m)	al vatikān (m)	الفاتيكان
Liechtenstein (m)	liʃtinʃtāyn (m)	ليشتنشتاين
Luxembourg (m)	luksimburɣ (f)	لوكسمبورغ
Monaco (m)	munāku (f)	موناكو

148. L'Europe Centrale et l'Europe de l'Est

Albanie (f)	albāniya (f)	ألبانيا
Bulgarie (f)	bulɣāriya (f)	بلغاريا
Hongrie (f)	al maʒar (f)	المجر
Lettonie (f)	lātviya (f)	لاتفيا
Lituanie (f)	litwāniya (f)	ليتوانيا
Pologne (f)	bulanda (f)	بولندا

Roumanie (f)	rumāniya (f)	رومانيا
Serbie (f)	ṣirbiya (f)	صربيا
Slovaquie (f)	sluvākiya (f)	سلوفاكيا
Croatie (f)	kruātiya (f)	كرواتيا
République (f) Tchèque	atʃ tʃīk (f)	التشيك
Estonie (f)	istūniya (f)	إستونيا
Bosnie (f)	al busna wal hirsuk (f)	البوسنة والهرسك
Macédoine (f)	maqdūniya (f)	مقدونيا
Slovénie (f)	sluvīniya (f)	سلوفينيا
Monténégro (m)	al ʒabal al aswad (m)	الجبل الأسود

149. Les pays de l'ex-U.R.S.S.

Azerbaïdjan (m)	aðarbiʒān (m)	أذربيجان
Arménie (f)	armīniya (f)	أرمينيا
Biélorussie (f)	bilarūs (f)	بيلاروس
Géorgie (f)	ʒūrʒiya (f)	جورجيا
Kazakhstan (m)	kazaχstān (f)	كازاخستان
Kirghizistan (m)	qirɣizistān (f)	قيرغيزستان
Moldavie (f)	muldāviya (f)	مولدافيا
Russie (f)	rūsiya (f)	روسيا
Ukraine (f)	ukrāniya (f)	أوكرانيا
Tadjikistan (m)	taʒīkistān (f)	طاجيكستان
Turkménistan (m)	turkmānistān (f)	تركمانستان
Ouzbékistan (m)	uzbikistān (f)	أوزبكستان

150. L'Asie

Asie (f)	'āsiya (f)	آسيا
Vietnam (m)	vitnām (f)	فيتنام
Inde (f)	al hind (f)	الهند
Israël (m)	isrā'īl (f)	إسرائيل
Chine (f)	aṣ ṣīn (f)	الصين
Liban (m)	lubnān (f)	لبنان
Mongolie (f)	manɣūliya (f)	منغوليا
Malaisie (f)	malīziya (f)	ماليزيا
Pakistan (m)	bakistān (f)	باكستان
Arabie (f) Saoudite	as sa'ūdiyya (f)	السعوديّة
Thaïlande (f)	taylānd (f)	تايلاند
Taïwan (m)	taywān (f)	تايوان
Turquie (f)	turkiya (f)	تركيا
Japon (m)	al yabān (f)	اليابان
Afghanistan (m)	afɣanistān (f)	أفغانستان
Bangladesh (m)	banʒladīʃ (f)	بنجلاديش

Indonésie (f)	indunīsiya (f)	إندونيسيا
Jordanie (f)	al urdun (m)	الأردن
Iraq (m)	al 'irāq (m)	العراق
Iran (m)	īrān (f)	إيران
Cambodge (m)	kambūdya (f)	كمبوديا
Koweït (m)	al kuwayt (f)	الكويت
Laos (m)	lawus (f)	لاوس
Myanmar (m)	myanmār (f)	ميانمار
Népal (m)	nibāl (f)	نبيال
Fédération (f) des Émirats Arabes Unis	al imārāt al 'arabiyya al muttaḥida (pl)	الإمارات العربيّة المتّحدة
Syrie (f)	sūriya (f)	سوريا
Palestine (f)	filisṭīn (f)	فلسطين
Corée (f) du Sud	kuriya al ʒanūbiyya (f)	كوريا الجنوبيّة
Corée (f) du Nord	kūria aʃ ʃimāliyya (f)	كوريا الشماليّة

151. L'Amérique du Nord

Les États Unis	al wilāyāt al muttaḥida al amrīkiyya (pl)	الولايات المتّحدة الأمريكيّة
Canada (m)	kanada (f)	كندا
Mexique (m)	al maksīk (f)	المكسيك

152. L'Amérique Centrale et l'Amérique du Sud

Argentine (f)	arʒantīn (f)	الأرجنتين
Brésil (m)	al brazīl (f)	البرازيل
Colombie (f)	kulumbiya (f)	كولومبيا
Cuba (f)	kūba (f)	كوبا
Chili (m)	tʃīli (f)	تشيلي
Bolivie (f)	bulīviya (f)	بوليفيا
Venezuela (f)	vinizwiyla (f)	فنزويلا
Paraguay (m)	baraɣwāy (f)	باراغواي
Pérou (m)	biru (f)	بيرو
Surinam (m)	surinām (f)	سورينام
Uruguay (m)	uruɣwāy (f)	الأوروغواي
Équateur (m)	al iqwadūr (f)	الإكوادور
Bahamas (f pl)	ʒuzur bahāmas (pl)	جزر باهاماس
Haïti (m)	haïti (f)	هايتي
République (f) Dominicaine	ʒumhūriyyat ad duminikan (f)	جمهوريّة الدومينيكان
Panamá (m)	banama (f)	بنما
Jamaïque (f)	ʒamāyka (f)	جامايكا

153. L'Afrique

Égypte (f)	miṣr (f)	مصر
Maroc (m)	al maɣrib (m)	المغرب
Tunisie (f)	tūnis (f)	تونس
Ghana (m)	ɣāna (f)	غانا
Zanzibar (m)	zanʒibār (f)	زنجبار
Kenya (m)	kiniya (f)	كينيا
Libye (f)	lībiya (f)	ليبيا
Madagascar (f)	madaɣaʃqar (f)	مدغشقر
Namibie (f)	namībiya (f)	ناميبيا
Sénégal (m)	as siniɣāl (f)	السنغال
Tanzanie (f)	tanzāniya (f)	تنزانيا
République (f) Sud-africaine	ʒumhūriyyat afrīqiya al ʒanūbiyya (f)	جمهريّة أفريقيا الجنوبيّة

154. L'Australie et Océanie

Australie (f)	usturāliya (f)	أستراليا
Nouvelle Zélande (f)	nyu zilanda (f)	نيوزيلندا
Tasmanie (f)	tasmāniya (f)	تاسمانيا
Polynésie (f) Française	bulinīziya al faransiyya (f)	بولينزيا الفرنسيّة

155. Les grandes villes

Amsterdam (f)	amstirdām (f)	أمستردام
Ankara (m)	anqara (f)	أنقرة
Athènes (m)	aθīna (f)	أثينا
Bagdad (m)	baɣdād (f)	بغداد
Bangkok (m)	bankūk (f)	بانكوك
Barcelone (f)	barʃalūna (f)	برشلونة
Berlin (m)	birlīn (f)	برلين
Beyrouth (m)	bayrūt (f)	بيروت
Bombay (m)	bumbāy (f)	بومباى
Bonn (f)	būn (f)	بون
Bordeaux (f)	burdu (f)	بوردو
Bratislava (m)	bratislāva (f)	براتيسلافا
Bruxelles (m)	brūksil (f)	بروكسل
Bucarest (m)	buxarist (f)	بوخارست
Budapest (m)	budabist (f)	بودابست
Caire (m)	al qāhira (f)	القاهرة
Calcutta (f)	kalkutta (f)	كلكتا
Chicago (f)	ʃikāɣu (f)	شيكاغو
Copenhague (f)	kubinhāʒin (f)	كوبنهاجن
Dar es-Salaam (f)	dar as salām (f)	دار السلام

Delhi (f)	dilhi (f)	دلهي
Dubaï (f)	dibay (f)	دبي
Dublin (f)	dablin (f)	دبلن
Düsseldorf (f)	dusildurf (f)	دوسلدورف
Florence (f)	flurinsa (f)	فلورنسا
Francfort (f)	frankfurt (f)	فرانكفورت
Genève (f)	ʒinīv (f)	جنيف
Hague (f)	lahāy (f)	لاهاي
Hambourg (f)	hamburɣ (m)	هامبورغ
Hanoi (f)	hanuy (f)	هانوي
Havane (f)	havāna (f)	هافانا
Helsinki (f)	hilsinki (f)	هلسنكي
Hiroshima (f)	hiruʃīma (f)	هيروشيما
Hong Kong (m)	hunɣ kunɣ (f)	هونغ كونغ
Istanbul (f)	istanbūl (f)	إسطنبول
Jérusalem (f)	al quds (f)	القدس
Kiev (f)	kiyiv (f)	كييف
Kuala Lumpur (f)	kuala lumpur (f)	كوالالمبور
Lisbonne (f)	liʃbūna (f)	لشبونة
Londres (m)	lundun (f)	لندن
Los Angeles (f)	lus anʒilis (f)	لوس أنجلوس
Lyon (f)	liyūn (f)	ليون
Madrid (f)	madrīd (f)	مدريد
Marseille (f)	marsīliya (f)	مرسيليا
Mexico (f)	madīnat maksiku (f)	مدينة مكسيكو
Miami (f)	mayāmi (f)	ميامي
Montréal (f)	muntriyāl (f)	مونتريال
Moscou (f)	musku (f)	موسكو
Munich (f)	myūnix (f)	ميونخ
Nairobi (f)	nayrūbi (f)	نيروبي
Naples (f)	nabuli (f)	نابولي
New York (f)	nyu yūrk (f)	نيويورك
Nice (f)	nīs (f)	نيس
Oslo (m)	uslu (f)	أوسلو
Ottawa (m)	uttawa (f)	أوتاوا
Paris (m)	barīs (f)	باريس
Pékin (m)	bikīn (f)	بيكين
Prague (m)	brāɣ (f)	براغ
Rio de Janeiro (m)	riu di ʒaniyru (f)	ريو دي جانيرو
Rome (f)	rūma (f)	روما
Saint-Pétersbourg (m)	sant bitirsburɣ (f)	سانت بطرسبرغ
Séoul (m)	siūl (f)	سيول
Shanghai (m)	ʃanɣhāy (f)	شانغهاي
Sidney (m)	sidniy (f)	سيدني
Singapour (f)	sinɣafūra (f)	سنغافورة
Stockholm (m)	stukhūlm (f)	ستوكهولم
Taipei (m)	taybay (f)	تايبيه
Tokyo (m)	ṭukyu (f)	طوكيو

Toronto (m)	turūntu (f)	تورونتو
Varsovie (f)	warsaw (f)	وارسو
Venise (f)	al bunduqiyya (f)	البندقيّة
Vienne (f)	vyīna (f)	فيينا
Washington (f)	wāʃinṭun (f)	واشنطن

www.ingramcontent.com/pod-product-compliance
Lightning Source LLC
Chambersburg PA
CBHW070601050426
42450CB00011B/2930